모든 공부의 시작은 독해력입니다!

독해 기술로 기본을 다지고

다양한 지문에 적용하면 독해력 자신감이 쑥!

자신감

자신감

전 과목 학습 능력 향상

초등학교 국어/사회/도덕/과학/실과/예체능 교과서를 분석하여 뽑아낸 주제로 지문을 구성하여 전 과목 학습 능력도 자연스럽게 향상됩니다.

기술 제시

독해 기술을 ... 보면 모든 지문을 ...렵게 이해하는 독해력이 ...자연스럽게 길러집니다.

독해력 자신...이 꼭 필요한 이유

다양한 주제와 폭넓은 배경지식

문학(시, 이야기)과 비문학(인문, 사회, 과학, 기술, 예술) 영역에서 다양한 주제를 선정하여 폭넓은 배경지식을 쌓는 데 도움이 됩니다.

'듣는 지문' 서비스 제공

아나운서의 정확한 발음과 성우의 다채로운 표현으로 독해력을 향상시켜 주는 지문듣기 서비스를 제공합니다.

◇ 독해 일지 ◇

독해 기술

1회 월 일	2회 월 일	3회 월 일	4회 월 일	5회 월 일	6회 월 일
맞은 개수 개	맞은 개수 개	맞은 개수 개	맞은 개수 개	맞은 개수 개	맞은 개수 개
스티커	스티커	스티커	스티커	스티커	스티커

독해 적용

1회 월 일	2회 월 일	3회 월 일	4회 월 일	5회 월 일	6회 월 일
맞은 개수 개	맞은 개수 개	맞은 개수 개	맞은 개수 개	맞은 개수 개	맞은 개수 개
스티커	스티커	스티커	스티커	스티커	스티커

7회 월 일	8회 월 일	9회 월 일	10회 월 일	11회 월 일	12회 월 일
맞은 개수 개	맞은 개수 개	맞은 개수 개	맞은 개수 개	맞은 개수 개	맞은 개수 개
스티커	스티커	스티커	스티커	스티커	스티커

13회 월 일	14회 월 일	15회 월 일	16회 월 일	17회 월 일	18회 월 일
맞은 개수 개	맞은 개수 개	맞은 개수 개	맞은 개수 개	맞은 개수 개	맞은 개수 개
스티커	스티커	스티커	스티커	스티커	스티커

19회 월 일	20회 월 일	21회 월 일	22회 월 일	23회 월 일	24회 월 일
맞은 개수 개	맞은 개수 개	맞은 개수 개	맞은 개수 개	맞은 개수 개	맞은 개수 개
스티커	스티커	스티커	스티커	스티커	스티커

25회 월 일	26회 월 일	27회 월 일	28회 월 일	29회 월 일	30회 월 일
맞은 개수 개	맞은 개수 개	맞은 개수 개	맞은 개수 개	맞은 개수 개	맞은 개수 개
스티커	스티커	스티커	스티커	스티커	스티커

독해력 자신감

초등 국어

6

단계

✶ 독해력 자신감 ✶
구성과 특징

학습 능력을 키우는 친절한 독해 훈련서
독해 기술 + 독해 적용

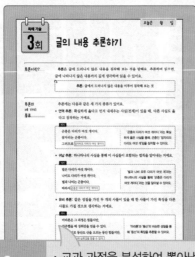

1 독해 기술
- 교과 과정을 분석하여 뽑아낸 독해 기술을 익히며 기본을 다져요.
- 독해 원리를 예로 들어 가며 알기 쉽게 설명했어요.

3 독해가 쉬워지는 낱말
- 지문을 읽기 전에 핵심 낱말을 먼저 공부하면 내용을 좀 더 쉽게 이해할 수 있어요.

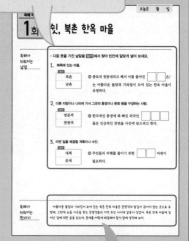

4 독해가 쉬워지는 한마디
- 지문과 관련된 배경지식을 통해 글을 읽을 때 주의할 점을 알아보아요.

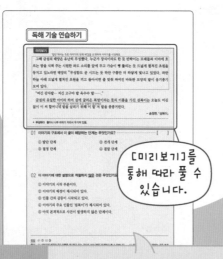

[미리보기]를 통해 따라 풀 수 있습니다.

2 독해 기술 연습하기
- 독해 기술이 어떻게 적용되는지 '미리보기'를 통해 확인해 보세요.
- 독해 기술을 익히며 연습 문제를 풀어 보세요.

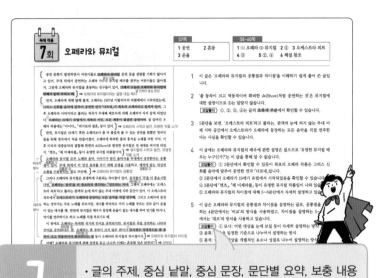

7

정답과 해설

- 글의 주제, 중심 낱말, 중심 문장, 문단별 요약, 보충 내용 등 지문을 이해하기 쉽도록 완벽하게 분석했어요.
- 문제를 자세하게 풀이하고, 틀리기 쉬운 문제에 '오답풀이'를 제공했어요.

독해 완성하기

▶ 다음 글을 읽고 물음에 답하세요.

독해력을 올리는
지문 듣기

아나운서의 정확한
발음으로 지문을 들어볼
수 있습니다.

5

**독해
완성하기
(지문)**

- 초등 전 과목에서 뽑아낸 주제로 구성했어요.
- 문학, 비문학(사회, 과학, 예술 등) 작품을 골고루 담았어요.
- 설명문, 논설문, 기행문, 보고서, 기사문, 안내문, 전기문 등 다양한 문종으로 구성했어요.

5 이 글을 읽고, 다음 질문에 가장 바르고 대답한 친구는 누구인가요? ────── [   ]

┌───┐
│ 지문에 대해 지속적으로 연구해야 하는 필요성은 무엇일까요? │
└───┘

6

독해 완성하기 (문제)

- 단계별로 문제를 선별하여 제공했어요.
- 6개 독해 기술을 적용하여 풀어 보세요.
- 짜임에 따라 중심 내용을 요약해 보세요.

✦ 독해력 자신감 ✦
차례

독해 기술

: 기본 다지기

독해 기술

1회

글의 종류별로 주제 파악하기

주제란?

　　주제는 글쓴이가 글을 통해서 나타내려는 가장 중심이 되는 생각이에요. 설명문에서 주제는 '설명 대상이 어떠하다.'라는 중심 생각을 말하고, 논설문에서 주제는 '어떠한 대상이 ~ 해야 한다.'라는 중심 주장을 말해요.

> **주제:** 글에서 가장 중심이 되는 글쓴이의 생각
> • 설명문의 주제: 설명 대상에 대한 중심 생각　　• 논설문의 주제: 어떠한 대상에 대한 중심 주장

글의 종류별로 주제를 찾는 방법

● **설명문에서 주제 찾기:** 설명문에서는 주로 글의 처음에 설명하려는 '설명 대상'이 드러나요. 글 전체에서 '설명 대상에 대한 글쓴이의 중심 생각'을 찾으면 글의 주제를 알 수 있어요.

> **예시**
>
> ＿구름＿이란 무엇일까? 구름은 공기 중의 수증기가 응결하여 미세한 물방울이나 얼음
> 설명 대상　　　　　　　　　　　　　　　　　　　　　　　중심 생각
> 의 형태가 된 것이다.
> → 설명 대상(구름)을 찾고, 그 설명 대상이 어떠하다(공기 중의 수증기가 ~ 얼음의 형태가 된 것)에 집중하여 글을 읽어야 해요.

● **논설문의 주제 찾기:** 논설문에서는 주로 서론이나 결론에서 글쓴이가 주장하려는 바가 '~ 해야 한다.', '~ 하지 말아야 한다.'와 같은 문장의 형태로 드러나요. 특히, 결론에서는 본론에서 설명한 논리적인 근거들을 정리해 주고 있기 때문에 글쓴이의 주장을 쉽게 찾을 수 있어요.

> **예시**
>
> 　우리가 쓰는 여러 화학제품은 동물 실험을 거쳐 완성된다. 즉, 인간에게 안전하게 쓰일 수 있는지 먼저 동물들에게 실험을 해 보는 것이다. 그러나 화학제품 개발을 위
> 한 동물 실험은 동물의 생명을 경시하는 행동이므로 하지 말아야 한다.　　　대상
> 　　　　　　　　　　　　　　　　　　　　　　　　　중심 주장
> → 어떠한 대상(화학제품 개발을 위한 동물 실험을 ~ 하지 말아야 한다.)에 집중하여 글을 읽어야 해요.

독해 기술 연습하기

미리보기

설명문은 처음에 주로 '설명 대상'이 드러나 있어요.

벨크로가 무엇인지 알고 있나요? 흔히 '찍찍이'라고 많이 알려져 있는 벨크로는 의류, 가방, 신발 등에서 쉽게 찾아볼 수 있습니다. 그렇다면 벨크로는 어떻게 만들어지게 되었을까요?

벨크로를 처음 만든 스위스의 기술 공학자 조르주 드 메스트랄은 사냥을 나갔다가 그의 강아지 털에 붙은 도꼬마리 가시를 보고 벨크로를 만들어 냈습니다. 도꼬마리 가시에 있는 작은 ◆돌기가 쉽게 털에 붙는 것을 보고 자유롭게 ◆부착할 수 있는 제품을 만들었던 것입니다.

현재 우리의 생활을 넘어 우주 산업 관련 분야에서도 널리 사용되고 있는 벨크로는 자연에서 아이디어를 얻어 만들어 낸 훌륭한 발명품입니다.

설명 대상인 벨크로가 '어떠하다(훌륭한 발명품이다.)'는 이 글의 주제가 나타난 부분이에요.

◆ **돌기** 뾰족한 부분.
◆ **부착** 떨어지지 않게 붙여놓음.

---

01 이 글에서 설명하는 대상은 무엇인가요? [　　]

① 발명품
② 강아지
③ 벨크로
④ 우주 산업
⑤ 도꼬마리 가시

02 이 글의 주제는 무엇인가요? [　　]

① 최근 우주 산업 분야가 발달하고 있다.
② 벨크로는 우주 산업 분야에도 쓰이는 대표적인 상품이다.
③ 우리 생활 주변에는 벨크로처럼 털에 붙는 물건들이 많다.
④ 벨크로는 자연에서 아이디어를 얻어 만든 훌륭한 발명품이다.
⑤ 스위스의 기술 공학자 조르주 드 메스트랄이 벨크로를 처음 만들었다.

정답 01 ③ 02 ④
풀이 01 이 글은 '벨크로'에 대해 설명하고 있는 설명문입니다.　02 설명문은 처음 문단에서 '설명 대상'을 드러내고, '설명 대상이 어떠하다.'는 것을 설명하는 글입니다. 이 글에서는 마지막 문단에 '벨크로는 훌륭한 발명품이다.'라는 글의 주제가 드러나 있습니다.

최근 우리 사회에서는 학생 수가 줄어 학급 수를 줄이는 학교들의 이야기가 ◆심심찮게 들려오고 있습니다. 과거 부모님이 사시던 시대보다 더 살기 좋아진 현재, 왜 사람들은 점점 아이를 낳지 않거나 적게 낳을까요? 저는 오늘 우리 사회의 큰 문제인 저출산 현상의 원인에 대하여 발표하고자 합니다.

첫째, 여성의 경제 활동 참여가 증가하였습니다. 과거보다 여성이 일을 하는 경우가 많아지면서, 아이를 돌볼 사람이 없어진 것입니다. 남성도 아이를 돌볼 수 있지만, 부부 모두가 아이를 돌보며 일도 해야 하는 부담감은 저출산 현상의 큰 원인이 되었습니다.

둘째, 결혼과 출산에 대한 가치관이 변화했습니다. 결혼이 당연하게 여겨졌던 과거와는 달리 요즘은 결혼을 하지 않는 사람들이 많아지고 있습니다. 그리고 결혼을 하더라도 아이를 낳지 않는 가족의 형태도 증가하고 있기 때문에 저출산 현상이 나타나고 있습니다.

지금까지 우리나라 저출산 현상의 원인을 알아보았습니다. 저출산은 여성의 경제 활동 참여 증가와 결혼과 출산에 대한 가치관이 변화한 것이 대표적인 원인이었습니다.

◆ 심심찮게 드물지 않고 꽤 자주.

01 이 글의 주제는 무엇인가요? ─────────────────────── [   ]

① 결혼을 당연하게 생각하는 가치관을 변화시켜야 한다.

② 사람들은 점점 아이를 낳지 않거나 적게 낳는 것은 사회적으로 큰 문제이다.

③ 예전보다 여성이 일을 하는 경우가 많아졌기 때문에 아이들을 대신 돌볼 사람을 찾아야 한다.

④ 저출산 현상의 원인에는 여성의 경제 활동 참여의 증가와 결혼 및 출산에 대한 가치관 변화가 있다.

⑤ 학생 수가 줄어 학급 수를 줄이는 학교들이 많아 이에 대한 원인을 분석하고, 대책을 마련해야 한다.

02 이 글의 내용으로 알맞지 않은 것은 무엇인가요? ─────────────── [   ]

① 최근 학생 수가 줄어 학급 수가 감축되고 있다.

② 현재는 부모님이 살던 시대보다 살기가 좋아졌다.

③ 저출산 현상은 우리 사회의 큰 문제이다.

④ 여성의 경제 활동이 증가하면서 아이를 돌보는 것에 대한 부담이 줄었다.

⑤ 요즘은 결혼을 하지 않는 사람들이 많아지고 있다.

체육 시간에 단체 운동 경기를 하다 보면 실력에 차이가 나는 친구들이 있다. 우리 팀에게 도움이 되는 친구가 있는가 하면, 다른 팀으로 가 버렸으면 하는 생각이 들게 하는 친구도 있다. 이런 실력의 차이 때문에 친구들 사이에 크고 작은 싸움을 일으킬 수 있다. 그렇다면 체육 시간에 친구들 간 실력 차이 문제를 어떻게 극복할 수 있을까?

지학초등학교 5~6학년 학생 300명을 대상으로 이 문제에 대한 해결 방안을 조사한 결과는 다음과 같다. 먼저 78퍼센트(234명)의 학생들은 '잘하는 학생이 잘 못하는 학생을 가르쳐 준다면 모두가 단체 활동을 즐길 수 있을 것'이라고 답하였다. 다음으로 18퍼센트(54명)의 학생들은 '잘 못하는 학생들은 선수로 직접 경기에 참여하기보다는 감독이나 심판의 역할을 맡는 것도 좋을 것'이라는 의견을 내었다.

체육 시간은 모두가 참여해야 하고 또 즐겨야 할 교과 시간이다. 친구들 간 실력 차이를 줄이기 위해서는 실력에 차이가 나더라도 서로를 돕고, 각자 자신이 잘할 수 있는 분야에서 최선을 다해야 한다. 그렇게 한다면, 모두가 체육 시간을 즐기고 다툼도 줄어들 수 있어 '◆일석이조(一石二鳥)'의 효과를 거둘 수 있을 것이다.

◆ **일석이조** 한 개의 돌을 던져 두 마리의 새를 맞추어 떨어뜨린다는 뜻으로, 한 가지 일을 해서 두 가지 이익을 얻음을 이르는 말.

03 이 글의 주제는 무엇인가요? ⸺⸺⸺⸺⸺⸺⸺⸺⸺⸺⸺⸺⸺⸺⸺⸺⸺⸺⸺⸺⸺⸺⸺⸺ [　]

① 체육 시간에 체육을 잘하는 친구는 체육을 잘 못하는 친구를 가르쳐주어야 한다.
② 체육을 잘 못한다고 해서 단체 운동 경기에 직접 참여하지 못하게 하는 것은 불공평하다.
③ 체육 시간에 실력에 차이가 나더라도 서로를 돕고, 자신이 잘할 수 있는 분야에서 최선을 다해야 한다.
④ 체육 시간에 친구들 간 실력 차이가 나면 단체 운동 경기를 할 수 없기 때문에 실력 차이가 나면 안 된다.
⑤ 체육 시간에 잘 못하는 친구가 있으면 다른 팀으로 보내어 자신의 실력과 비슷한 친구들끼리 팀을 구성해야 한다.

04 이 글의 독자가 보일 반응으로 적절하지 <u>않은</u> 것은 무엇인가요? ⸺⸺⸺⸺⸺⸺⸺ [　]

① 나영: 주제를 강조하기 위해 적절한 사자성어를 활용하였어.
② 다정: 1문단에서 체육 시간에 발생하는 문제 상황을 제시하고 있어.
③ 미희: 2문단에서는 설문 조사 결과를 제시하면서 근거의 신뢰성을 높였어.
④ 나현: 체육 시간에 발생할 수 있는 여러 가지 문제들을 제시하고 문제의 원인을 분석하고 있어.
⑤ 희영: 설문에 참여한 대다수의 학생들은 잘하는 학생이 잘 못하는 학생을 가르쳐 주는 것이 좋다고 생각하고 있구나.

2회

글의 타당성과 신뢰성 판단하기

**타당성과
신뢰성이란?**

　　타당성은 글쓴이의 주장과 근거가 논리적으로 제시되고 있는지를, **신뢰성**은 글에
제시한 내용(사실)이 믿을 만한지를 따져보는 거예요. 글을 읽을 때에는 내용의 타
당성과 신뢰성을 고려해야 해요.

> **타당성**: 주장과 근거가 논리적으로 제시되고 있는가?
>
> **신뢰성**: 제시한 내용(사실)이 믿을 만한가?

**타당성과
신뢰성을
파악하는
방법**

　　글을 읽을 때 글의 타당성과 신뢰성을 파악하는 방법을 알아보아요.

● **타당성 찾기**: 근거가 주장을 뒷받침하기에 적절하고, <u>주장과 흐름이 같은지 확인</u>
<u>해요.</u> 이때 근거를 종합하여 주장을 뒷받침하기에 충분한지 생각해 보아요.

> **예시**
>
> [주장] 환경을 보호하기 위한 방안을 마련해야 한다.
>
> [근거 1] 분리수거를 한다.
>
> [근거 2] ~~일회용품을 사용한다.~~
>
> ➔ [근거 2]인 '일회용품을 사용하는 것'은 환경을 보호하기 위한 방안과는 거리가 멀기 때문에 타당성 있는 근거
> 　가 아니에요.

● **신뢰성 찾기**: <u>글의 내용이 과장된 곳은 없는지, 글의 내용에 잘못된 사실은 없는지</u>
<u>확인해요.</u> 글의 주장을 뒷받침하는 믿을 만한 자료가 제시되어 있는지 살펴보는
것도 좋아요.

> **예시**
>
> [주장] 이 영양제를 1개월만 복용하면 키가 자랍니다.
>
> [근거] 이 영양제를 복용한 <u>어떤 초등학교에서 학생 3명의 키가 자란 사례가 있습니다.</u>
>
> ➔ 제시한 자료가 어느 학교의 몇 명을 대상으로 한 결과인지 알 수 없으므로 신뢰성이 떨어지는 근거예요.

아이의 키를 10센티미터 키워 주는 마법의 약

자극적인 단어가 포함되어 있는 경우 신뢰성에 의심을 가져볼 필요가 있어요.

20○○년, 드디어 △△제약에서 아이의 키를 10센티미터 이상 자라게 할 수 있는 영양제가 출시되었습니다. 초등학교 6학년 100명을 대상으로 임상 실험을 한 결과, 이 약을 먹은 대부분의 학생들은 1개월만에 키가 10센티미터 이상 자라는 기쁨을 경험하였습니다. 더 이상, 우리 아이의 키로 고민하지 마세요. 서둘러 주문하세요.

약의 효과에 대해 명확하지 않은 내용과 과장된 내용을 근거로 제시하고 있으므로, 글의 신뢰성이 떨어져요.

01 이 글은 무엇에 관한 글인가요? [ ]

① 영양제의 효과
② 초등학생의 평균 키
③ 임상 실험의 위험성
④ 초등학교 학생의 고민
⑤ 성장판이 닫히는 시기

02 이 글에 대한 설명으로 잘못된 것은 무엇인가요? [ ]

① 영양제를 광고하는 글이다.
② 영양제의 효과를 과장하여 근거로 제시하고 있다.
③ 전문가의 말을 인용하여 근거의 신뢰성을 높이고 있다.
④ 근거로 제시한 통계 자료가 검증된 것인지 확인할 수 없다.
⑤ 이 영양제를 먹으면 키가 1개월만에 10센티미터 이상 자랄 수 있다고 주장하는 글이다.

정답 01 ① 02 ③
풀이 01 이 글은 '영양제의 효과'에 대해 광고하는 글입니다. 02 이 글에서는 전문가의 말을 인용하고 있지 않으므로 ③이 잘못된 설명입니다.

가 요즘 젊은이들은 투표의 중요성을 가볍게 여겨 선거 날에 여행을 가거나 이런 저런 핑계로 투표에 ◆동참하지 않는 경우가 많다. 그러나 투표는 다음과 같은 의미를 가지고 있으므로 국민이라면 반드시 관심을 갖고 참여해야 한다.

나 첫째, 투표를 통해 정치할 수 있다. 민주주의는 국민 모두가 관심을 가질 때 비로소 의미를 갖는다. 투표는 지지하는 후보에 힘을 실어 주는 국민의 권리이자 의무이다.

다 둘째, 선거 날에 휴식을 취하거나 여행을 갈 수 있다. 선거 날은 일반적으로 ◆법정 공휴일이다. 나 하나쯤 투표를 하지 않더라도 정치 문제에 큰 변화가 생기지는 않으므로 투표를 하기보다는 휴일을 알차게 보내는 것이 바람직하다.

◆ **동참하다** 어떤 모임이나 일에 같이 참가함.
◆ **법정 공휴일** 대통령령으로 '관공서의 공휴일에 관한 규정'에 의하여 공휴일이 된 날.

01 이 글은 무엇에 대한 내용인가요? ───────────────────────── [   ]

① 투표
② 여행
③ 정치
④ 휴일
⑤ 민주주의

02 이 글에 대한 설명으로 적절하지 <u>않은</u> 것은 무엇인가요? ───────── [   ]

① **가** 문단에서는 이 글의 주장이 드러난다.
② **가** 문단을 통해 글쓴이가 이 글을 쓰게 된 까닭을 짐작할 수 있다.
③ **나** 문단은 타당한 근거를 들어 주장을 뒷받침하고 있다.
④ **다** 문단은 주장과 같은 흐름의 근거를 들어 주장을 뒷받침하고 있다.
⑤ **가** 문단의 주장은 근거로 제시된 **다** 문단이 적절하지 못하여 타당성이 떨어진다.

안녕하십니까?

○○초등학교 전교 어린이 회장 후보 기호 1번 고뭉치입니다. 여러분이 저를 회장으로 뽑아주신다면 다음의 세 가지 공약을 지키도록 하겠습니다.

㉠첫째, 교내에 학교 폭력 신고함을 만들어 학생 여러분의 소리에 귀 기울이겠습니다. ㉡둘째, 매주 금요일은 전교생이 하루 종일 공부를 하지 않고 컴퓨터 게임을 할 수 있는 '컴퓨터의 날'로 지정하여 학생이 오고 싶은 학교를 만들겠습니다. ㉢셋째, 층마다 쓰레기통을 설치하여 쓰레기 없는 깨끗한 학교를 만들겠습니다.

㉣이 세 가지의 공약을 모두 지키지 못한다면 1,000명의 전교생에게 제 용돈으로 피자와 햄버거를 사 드리겠습니다! 학생 여러분이 학교에서 행복하게 생활할 수 있도록 제 운동화가 닳을 만큼 열심히 뛰겠습니다. 기호 1번을 기억해 주세요.

03 이 글의 종류는 무엇인가요? ───────────────── [   ]

① 편지문
② 광고문
③ 신문 기사
④ 선거 공약
⑤ 제품 조립 설명서

04 이 글을 읽은 독자의 반응으로 적절하지 <u>않은</u> 것은 무엇인가요? ──────── [   ]

① 희정: 세 가지 공약이 믿을 만한 내용인지 판단해 봐야겠어.
② 명주: ㉠은 어린이 회장이 충분히 실행할 수 있는 공약이라 신뢰가 가네.
③ 민지: ㉡은 실현 가능성이 매우 낮지 않을까? 신뢰성을 의심해 볼 필요가 있어.
④ 려원: ㉢은 실천이 가능하고 친구들이 필요성을 느끼고 있다면 꽤 타당한 공약이라고 생각해.
⑤ 재훈: ㉣은 과장이나 허위 정보가 없기 때문에 마지막 말을 들은 사람들은 후보자의 공약에 강한 믿음을 가질 수 있을 거야.

독해 기술

3회

글의 내용 추론하기

추론이란?

추론은 글에 드러나지 않은 내용을 짐작해 보는 것을 말해요. 추론하며 읽으면, 글에 나타나지 않은 내용까지 깊게 생각하며 읽을 수 있어요.

> **추론**: 글에서 드러나지 않은 내용을 미루어 짐작해 보는 것

추론의 세 가지 종류

추론에는 다음과 같은 세 가지 종류가 있어요.

- **연역 추론**: 확실하게 옳다고 먼저 내세우는 사실(전제)이 있을 때, 다른 사실도 옳다고 짐작하는 거예요.

예시

곤충은 다리가 여섯 개이다. 잠자리는 곤충이다. 그러므로 잠자리도 다리가 여섯 개이다.	'곤충의 다리가 여섯 개이다.'라는 확실하게 옳은 사실을 통해, 곤충인 '잠자리의 다리도 여섯 개'임을 짐작할 수 있어요.

- **귀납 추론**: 하나하나의 사실을 통해 이 사실들이 포함되는 법칙을 알아내는 거예요.

예시

벌은 다리가 여섯 개이다. 나비도 다리가 여섯 개이다. 벌과 나비는 곤충이다. 따라서 곤충은 다리가 여섯 개이다.	'벌과 나비 모두 다리가 여섯 개'라는 하나하나의 사실을 통해 '곤충은 다리가 여섯 개이다.'라는 것을 알아낼 수 있어요.

- **유비 추론**: 같은 성질을 가진 두 개의 사물이 있을 때 한 사물이 가진 특징을 다른 사물도 가질 것으로 생각하는 거예요.

예시

마라톤은 그 과정은 힘들지만, 완주했을 때 성취감을 얻을 수 있다. 마찬가지로 등산도 산을 오르는 동안 힘들지만, 정상에 올랐을 때 성취감을 얻을 수 있다.	'마라톤'과 '등산'의 비슷한 성질을 통해 '등산'의 특징을 추론할 수 있어요.

독해 기술 연습하기

<u>모든 동물은 살아가는 데 산소를 필요로 한다.</u> 생물은 호흡을 통해 공기 중의 산소를 몸속으
<small>모든 동물이 살아가는 데 산소가 필요하다는 것은 확실하게 옳다고 밝혀진 사실이에요.</small>
로 들이마시고 에너지를 내는 데 사용한다.

물고기도 동물이다. 따라서 [㉠]. 물고기는 아가미를 통해 물속에 있는 산
<small>확실하게 옳다고 밝혀진 사실을 통해 다른 사실도 옳다는 것을 밝혀요.</small>
소를 흡수하여 에너지를 내는 데 사용한다.

01 ㉠에 들어갈 문장으로 알맞은 것은 무엇인가요? ──────────────── [   ]

① 물고기도 물속에 산다.　　　　　　② 물고기도 아가미를 가지고 있다.

③ 물고기도 물속에서도 숨을 쉴 수 있다.　④ 물고기도 살아가는 데 산소를 필요로 한다.

⑤ 물고기의 종류에는 상어, 고등어, 삼치 등이 있다.

02 이 글에 사용된 추론 방법은 무엇인가요? ──────────────── [   ]

① 연역 추론　　　　　② 귀납 추론　　　　　③ 유비 추론

정답 01 ④　02 ①
풀이 01~02 '모든 동물은 살아가는 데 산소를 필요로 한다'는 확실히 옳은 사실을 통해 '물고기도 살아가는 데 산소가 필요하다는 것'을 밝히고 있
습니다. 이때 사용한 추론 방법은 연역 추론입니다.

　　모든 물건을 공중에서 떨어뜨리면 바닥으로 떨어진다. 지구가 지구의 중심으로 물체를 끌어당
기는 힘인 중력이 작용하고 있기 때문에 물건을 공중에서 놓으면 물체가 바닥으로 떨어지게 된다.
[㉠] 따라서 지우개도 공중에서 놓으면 바닥으로 떨어진다. 지구 중심으로
지우개를 끌어당기는 ◆중력이 작용하고 있기 때문이다.

◆ **중력** 지구 위의 물체가 지구로부터 받는 힘.

01　　㉠에 들어갈 문장으로 알맞은 것은 무엇인가요? ──────────────── [   ]

① 지우개도 물건이다.　　　　　　② 지우개는 필기구 중 하나이다.

③ 지우개도 중력의 영향을 받는다.　④ 지우개를 떨어뜨리면 '쿵' 하고 소리가 난다.

⑤ 지우개는 바닥으로 떨어지는 속도가 매우 빠르다.

> 한 연구에서 담배 연기를 계속해서 흡입하게 한 쥐와 그렇지 않은 쥐를 나누어 실험하였다. 장기간에 걸쳐 담배 연기를 흡입한 쥐는 담배 연기가 ♦주입되지 않을 때 불안한 증세를 보였다. 또한 폐 질환, 심장 질환이나 혈관 질환 등 다양한 질병에 걸린 비율이 담배 연기를 흡입하지 않은 쥐보다 높게 나타났다. 인간과 쥐의 유전자 구조는 매우 흡사하다. 그러므로 인간 역시 담배를 피울 경우 중독되어 끊기 위해서는 ♦금단 현상을 견뎌야 한다. 또한 [㉠   ]
>
> ♦ 주입하다 흘러 들어가도록 부어 넣음.
> ♦ 금단 현상 알코올, 니코틴 등의 중독성 물질의 섭취를 끊었을 때 일어나는 정신, 신체상의 증상.

02 ㉠에 들어갈 문장으로 알맞은 것은 무엇인가요? ⋯⋯⋯⋯⋯⋯⋯⋯ [   ]

① 인간은 쥐와 닮았다.

② 쥐 실험을 통해 많은 것을 알 수 있다.

③ 인간은 지속적으로 담배를 피우면 안 된다.

④ 인간이 담배를 피게 된다면 담배 연기를 지속적으로 흡입하게 된다.

⑤ 인간이 계속해서 담배를 피울 경우 다양한 질병에 걸릴 확률이 높다.

03 다음 빈칸에 들어갈 내용으로 알맞지 <u>않은</u> 것은 무엇인가요? ⋯⋯⋯⋯ [   ]

대상	쥐	(가)
비슷한 성질 ①	(나)	
비슷한 성질 ②	(다)	(라)
비슷한 성질 ③	(마)	질병에 걸릴 확률이 높다.

① (가): 인간

② (나): 유전자 구조가 비슷하다.

③ (다): 담배 연기가 주입되지 않을 때 불안 증세를 보였다.

④ (라): 담배를 피우게 되면 집중력이 높아진다고 느낀다.

⑤ (마): 담배 연기를 지속적으로 흡입한 쥐는 여러 질병에 걸릴 확률이 높았다.

다이아몬드는 현재 우리가 생각하는 것보다 희귀한 광물이 아니다. 오히려 루비와 같은 보석이 만들어지는 양이 더 적다. 다이아몬드 회사가 다이아몬드는 영원한 사랑을 의미하며 부와 행운을 가져다주는 보석이라는 광고를 하였다. 그 결과 많은 사람들이 다이아몬드를 가지고 싶어 했고 다이아몬드의 가격이 엄청나게 올랐다.

H제과의 '달콤한 감자 칩'은 SNS에서 입소문이 나 큰 인기를 얻었다. 많은 사람이 '달콤한 감자 칩'을 사기 위해 편의점으로 몰려들었고, 이후에도 품절이 계속되어 구하고 싶어도 구하기 어려운 과자가 되었다. 많은 사람이 사고 싶어 하던 약 1,000원 정도의 '달콤한 감자 칩'은 10,000원 가량에 팔리기도 하였다.

위의 두 사례처럼, 생산되는 양이 많다고 하더라도 ［　　　　　㉠　　　　　］

04 이 글에 사용된 추론 방법은 무엇인가요? ································· [　　]

① 연역 추론
② 귀납 추론
③ 유비 추론

05 ㉠에 들어갈 문장으로 알맞은 것은 무엇인가요? ····················· [　　]

① 다이아몬드와 '달콤한 감자 칩'은 비싸다.
② 사람들은 가격을 신경 쓰지 않고 물건을 산다.
③ 사고 싶은 사람이 많아지면 그 가격은 오른다.
④ 다이아몬드와 '달콤한 감자 칩'은 사면 안 된다.
⑤ 원래 다이아몬드와 '달콤한 감자 칩'은 귀하지 않다.

독해 기술

4회 글의 내용 요약하기

요약하기란?

요약하기는 글의 내용 중에서 중요한 내용을 간추리는 과정을 말해요. 요약하기는 글의 중요한 내용만을 간추리기 때문에 글의 내용을 쉽게 기억할 수 있게 해 줘요.

> **요약하기**: 글의 내용을 쉽게 기억할 수 있게 중요한 내용을 간추리는 과정

글을 요약하는 방법

글을 요약하는 방법은 다음과 같은 단계를 거쳐요.

1단계	각 문단의 중심 낱말 찾기	– 제목에 제시된 낱말 확인하기 – 자주 등장하는 낱말 확인하기

▼

2단계	각 문단의 중심 문장 찾기	– 뒷받침 문장이나 세부적인 예시 문장 삭제하기 – 중심 낱말이 포함된 문장 찾기

▼

3단계	중심 문장 연결하기	문장의 내용에 따라 적절한 연결어(이어 주는 말) 넣기 예 그리고, 다음으로, 그래서, 따라서 등

▼

4단계	나의 표현으로 재구성하기	나의 말로 요약하기

즉, 각 문단의 중심 낱말과 중심 문장을 찾아 알맞은 연결어(이어 주는 말)를 넣어 연결한 뒤, 나의 표현으로 재구성하여 글을 간추릴 수 있어요.

한옥

제목에 제시되거나, 문단에서 중심이 되는 낱말을 찾아보아요.

㉠우리나라 고유의 건축물인 한옥에 관해 알고 있나요? ㉡예전에는 사는 사람의 신분이나 경제력에 따라 한옥의 형태와 규모가 달랐습니다. ㉢예컨대 양반은 기와집에 살았습니다. ㉣한편, 서민들은 초가집 혹은 너와집에서 살았습니다. ㉤초가집이나 너와집은 기와집에 비해 구조가 단순하고 규모가 작았습니다.   문단 전체에서 다루는 내용을 포함하는 문장을 찾으면 문단을 요약할 수 있어요.

01 ㉠~㉤ 중 이 글의 중심 문장은 무엇인가요? ·· [   ]

① ㉠

② ㉡

③ ㉢

④ ㉣

⑤ ㉤

02 다음은 이 글을 읽고 지학이가 요약한 문장입니다. 빈칸에 들어갈 알맞은 말을 써 보세요.

> 한옥은 사는 사람의 신분이나 경제력에 따라 ⑴ [   ] 와/과 ⑵ [   ] 이/가 달랐다. 양반은 기와집에, 서민은 기와집에 비해 규모가 상대적으로 작고 형태가 단순한 초가집 혹은 너와집에 살았다.

정답 01 ② 02 ⑴ 형태 ⑵ 규모

풀이 01 이 글에서는 한옥, 그중에서도 한옥의 규모와 형태에 대한 설명이 중심 내용입니다.   02 이 글의 중심 내용이 '한옥의 형태와 규모'이므로 요약문에서도 해당 내용이 포함되어야 합니다.

내 몸을 건강하게 만드는 영양소

가 음식을 골고루 섭취해야 하는 까닭은 무엇일까요? 건강한 삶을 살아가기 위해 인간은 특정한 영양소를 필요로 하기 때문입니다. 우리 몸에 필요한 영양소 세 가지를 알아보겠습니다.

나 첫째, 탄수화물이 있습니다. 탄수화물은 우리 몸의 가장 중요한 에너지원으로서, 우리의 몸이 움직이는 데 필요한 에너지를 공급하는 역할을 합니다. 탄수화물의 예로는 대표적으로 밥, 빵, 감자 등이 있습니다.

다 둘째, 단백질이 있습니다. 단백질은 탄수화물과 마찬가지로 에너지를 공급하며, 몸 안의 새로운 세포를 구성하여 근육, 피부, 뼈, 혈액과 같은 ◆신체 조직을 만듭니다. 예로는 육류, 생선, 달걀 등과 우유 및 유제품이 있습니다.

라 셋째, 지방이 있습니다. 지방은 1그램당 9킬로칼로리의 열량을 낼 수 있어서 탄수화물과 단백질보다 더 큰 에너지를 공급합니다. 지방은 또한 체온을 유지하는 역할을 한다는 점에서 중요합니다. 하지만 과도한 지방 섭취는 ◆성인병의 원인이 될 수 있어 주의가 필요합니다.

마 지금까지 우리 몸에 필요한 세 가지의 영양소에 대하여 알아보았습니다. 영양소는 우리 몸이 정상적으로 활동하는 데 가장 기본적인 것인 만큼, 영양소를 골고루 섭취할 수 있도록 노력해야겠습니다.

◆ **신체 조직** 신체를 구성하는 모든 것. 예를 들어, 뼈와 근육이 있음. ◆ **성인병** 중년 이후에 문제 되는 병을 통틀어 이르는 말.

01 이 글의 중심 낱말은 무엇인가요? ⸳⸳ [   ]

① 편식   ② 성인병   ③ 영양소   ④ 탄수화물   ⑤ 에너지원

02 다음은 이 글을 요약한 것입니다. ㉠에 들어갈 내용으로 가장 적절한 것은 무엇인가요? ⸳⸳⸳ [   ]

> | ㉠ | 탄수화물은 가장 중요한
> 에너지원이다. 단백질은 에너지 공급과 신체 조직 구성 역할을 한다. 지방은 에너지 공급과 체온 유지의 역할을 한다. 우리 몸에 필요한 세 가지 영양소를 골고루 섭취해야 한다.

① 단백질은 육류, 생선, 달걀 등에 들어 있다.

② 음식을 골고루 섭취해야 하는 까닭은 무엇일까?

③ 탄수화물의 예로는 대표적으로 밥, 빵, 감자 등이 있다.

④ 과도한 지방 섭취는 성인병의 원인이 될 수 있어 주의가 필요하다.

⑤ 건강한 삶을 살기 위해 우리 몸에 필요한 세 가지의 영양소가 있다.

가 한번쯤은 바쁘고 신호를 기다리는 것이 귀찮다는 까닭으로 무단 횡단을 해 본 적이 있을 것입니다. 무단 횡단으로 인한 사고 발생이 많음에도 어른과 아이 할 것 없이 무단 횡단을 하는 경우가 많습니다. 무단 횡단을 하다가 적발되면 어떤 처벌을 받게 될까요?

나 일반적으로 사람이 건너도 된다는 교통 표지가 없는 도로에서 무단 횡단을 한 경우에는 3만 원의 ◆범칙금이, 신호등이 있으나 신호를 무시하고 건넌 경우에는 2만 원의 범칙금이 부과됩니다.

다 범칙금의 금액이 적다는 까닭으로 무단 횡단을 사소하게 생각하는 사람들이 많습니다. 하지만, 금액의 문제를 떠나서 무단 횡단은 나와 타인 모두의 생명을 위협하는 ◆범법 행위임을 인지하고 자신의 행동을 반성해야 합니다.

◆ 범칙금 「도로교통법」의 규칙을 어긴 사람에게 과하는 벌금.　　◆ 범법 행위 법을 어기는 행위.

03 이 글의 중심 낱말은 무엇인가요? [ ]

① 생명　　② 신호등　　③ 교통표지　　④ 무단 횡단　　⑤ 사고 발생

04 다음은 이 글을 요약한 도식입니다. 요약 내용이나 요약 과정을 잘못 이해한 친구는 누구인가요? [ ]

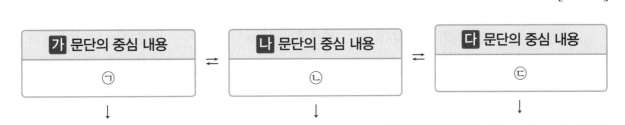

① 지은: ㉠에는 '무단 횡단에 대한 문제 제기와 처벌에 대한 물음'으로 정리하면 되겠어.
② 태리: ㉡에는 '범칙금의 금액에 따라 사람들이 갖는 생각에 차이가 남.'의 내용이 들어가야 해.
③ 현수: ㉡에는 범칙금이 2만 원과 3만 원으로 부과되는 경우를 정리하면 돼.
④ 아현: ㉢에는 '무단 횡단 행위의 위험성을 인지하고 반성해야 함.'의 내용이 들어가야 해.
⑤ 혜은: ㉣에는 다 문단의 중심 내용이 잘못 요약되어 글 전체를 잘못 요약했어.

시의 주제 파악하기

시의 주제란?

　　시의 주제란 한 편의 시를 통해 시인이 전하고자 하는 생각을 말해요. 그래서 시를 감상할 때에는 '시인이 표현하고 싶은 중심 생각은 무엇일까?'를 스스로에게 질문해 보는 것이 중요해요.

> **시의 주제**: 시에서 가장 중심이 되는 시인의 생각

시의 주제를 찾는 방법

　　시의 주제는 ＊행이나 ＊연에 직접적으로 드러나 있기도 하지만, 그렇지 않은 경우도 있어요. 시의 주제가 직접 드러나 있지 않은 경우에는 다음과 같은 방법으로 찾을 수 있어요.

- **시의 소재 찾기**: 시의 제목에 쓰인 낱말이나 자주 반복되는 낱말이 시의 소재일 가능성이 높아요. 시에서 소재를 찾으면 시의 주제를 찾을 수 있어요.

- **'말하는 이'의 상황을 나의 경험과 연관 짓기**: 말하는 이의 감정은 시의 주제와 관계가 있어요. 말하는 이가 겪은 일과 나의 경험과 연관 지어 보면서 말하는 이의 감정에 공감해 보세요. 그러면 시의 주제를 알 수 있어요.

- **시어의 함축적 의미 해석하기**: 시에는 시인의 생각을 직접적으로 표현하지 않고, 시어에 의미를 숨겨 두거나 비유적으로 표현하는 경우도 있어요. 이럴 때 시어의 ＊함축적 의미를 이해하면 시의 주제를 찾을 수 있어요.

◆ **행** 시에서 한 줄.
◆ **연** 시에서 몇 행을 한 단위로 묶어서 이르는 말.
◆ **함축적 의미** 겉으로 드러나지 않는 의미.

독해 기술 연습하기

시계가 말을 걸어서

민현숙

㉠– 너, 어디로 소풍 가니?

㉡– 몇 시에 일어나야 하는데?

㉢– 내가 깨워 줄까?

소풍 전날 밤

> 소풍 가기 전, 잠들지 못했던 나의 경험을 떠올려 보면 시의 주제를 알 수 있어요.

㉣시계가 말을 걸어서

㉤잠을 잘 수가 없다.

---

01 이 시에서 말하는 이의 마음 상태를 나타내는 말로 가장 알맞은 것은 무엇인가요? ········ [　　]

① 설레다.

② 지루하다.

③ 겁에 질리다.

④ 어리둥절하다.

⑤ 의기소침하다.

02 ㉠~㉤ 중 이 시의 주제를 가장 잘 드러낸 행은 무엇인가요? ············· [　　]

① ㉠

② ㉡

③ ㉢

④ ㉣

⑤ ㉤

정답 01 ① 02 ⑤

풀이 01 소풍 가기 전날 밤, 말하는 이의 설레는 마음이 나타나 있습니다.　　02 소풍 가기 전날, 설레서 잠들지 못하는 마음이 가장 잘 드러난 문장은 ㉤입니다.

그리운 언덕

강소천

㉠내 고향 가고 싶다 그리운 언덕
㉡동무들과 함께 올라 뛰놀던 언덕.

오늘도 그 동무들 언덕에 올라
㉢메아리 부르겠지, 나를 찾겠지.

내 고향 언제 가나 그리운 언덕
㉣옛 동무들 보고 싶다, 뛰놀던 언덕.

㉤오늘도 흰 구름은 산을 넘는데
메아리 불러 본다, 나만 혼자서.

01 ㉠~㉤ 중 이 시의 주제가 드러나는 행은 무엇인가요? (정답 2개) ──────── [,   ]

① ㉠   ② ㉡   ③ ㉢   ④ ㉣   ⑤ ㉤

02 이 시의 주제는 무엇인가요? ─────────────────────────── [   ]

① 메아리의 과학적 원리
② 동무들과 뛰놀던 고향에 대한 그리움
③ 동무들과 함께 놀기 좋은 장소의 특징
④ 산 정상에서 메아리를 들어 본 경험에 대한 회상
⑤ 구름이 낀 산을 바라보며 느끼는 자연의 아름다움

말을 저축하는 은행

정갑숙

말을 저축하세요
우리 은행에.

한 마디 한 마디
저축한 말들
우리 은행에
차곡차곡 이자가 쌓입니다.

꼭 필요할 때 찾아서
가장 알맞은
지혜의 말로 빛나게 쓰고
나머지 말들은 그대로 두세요.

우리 은행에
말을 저축하세요.

생각이 깊은
우리 은행의 이자는
듬뿍 넘치는 지혜입니다.

03 이 시에 대한 설명으로 적절한 것은 무엇인가요? .... [　　]

① 말을 '돈'에 비유하여 표현하였다.
② 시에 사용된 주된 소재는 '우리 은행'이다.
③ 실제 은행에서 벌어지는 사건을 묘사하였다.
④ 말을 지혜롭게 사용하면 돈을 벌 수 있음을 강조하였다.
⑤ 말하는 이는 말의 저축을 부정적인 시선으로 바라보고 있다.

04 이 시를 들려주기에 적절한 대상은 누구인가요? .... [　　]

① 사람을 속여 이득을 얻는 사람
② 욕심이 많아 베풀지 못하는 사람
③ 주어진 일에 최선을 다하지 않는 사람
④ 저축을 하지 않고 돈을 허투루 쓰는 사람
⑤ 섣부른 말실수로 친구에게 상처를 주는 사람

독해 기술

6회

이야기의 구조 알기

**이야기의
구조란?**

　이야기의 **구조**란 이야기에서 등장인물들이 벌이는 여러 사건들이 시간의 흐름이나 원인과 결과와 같은 관계로 얽혀져 있는 것을 말해요. 이야기는 일반적으로 '발단-전개-절정-결말'의 구조를 갖추고 있어요.

> **이야기의 구조:** 발단 → 전개 → 절정 → 결말

**이야기의
각 구도별
내용**

　사건이 시작되고(발단) 전개됨에 따라 긴장감이 고조되고(전개), 마침내 갈등이 최고조에 이르러요(절정). 그후 갈등이 해소되며 이야기가 끝나요(결말).

　다음을 보고, 이야기의 구조를 자세히 알아보아요.

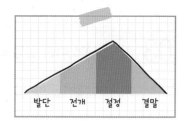

발단	주요 인물과 시간적·공간적 배경과 같은 이야기의 요소들이 제시되며 이야기가 시작되는 단계

▼

전개	인물 간의 갈등이 시작되는 부분으로, 본격적으로 사건이 발생하는 단계

▼

절정	갈등이 심화되어 긴장감이 최고조에 이르는 단계

▼

결말	갈등이 해소되고 사건이 해결되는 이야기의 마무리 단계

독해 기술 연습하기

미리보기

'발단'에서는 주로 이야기의 전체 배경을 소개하며 이야기를 시작해요.

그해 금섬의 태양은 유난히 무성했다. 누군가 장식이라도 한 듯 반짝이는 모래들과 이마에 흐르는 땀을 식혀 주는 시원한 파도 소리를 앞에 두고 가슴이 뻥 뚫리는 듯 드넓게 펼쳐진 초원을 등지고 있노라면 태양의 *무성함도 곧 시드는 듯 하얀 구름만 더 하얗게 빛나고 있었다. 파란 하늘 아래 드넓게 펼쳐진 초원을 끼고 돌아서면 줄 맞춰 짜여진 바둑판 모양의 밭이 옹기종기 모여 있다.

"여긴 감자밭… 저긴 고구마 밭 옥수수 밭……."

금섬의 유일한 아이라 하여 섬에 굴러온 복덩이라는 뜻의 이름을 가진 섬복이는 오늘도 어김없이 이 씨 할머니네 밭을 살피기 위해 이 밭 저 밭을 종종거린다.

'발단'에서는 이야기의 주요 인물이 등장해요.

– 송정현, 「섬복이」

◆ 무성하다 풀이나 나무 따위가 자라서 우거져 있음.

01 이야기의 구조에서 이 글이 해당하는 단계는 무엇인가요? ──────── [   ]

① 발단 단계   ② 전개 단계

③ 절정 단계   ④ 결말 단계

02 이 이야기에 대한 설명으로 적절하지 <u>않은</u> 것은 무엇인가요? ──────── [   ]

① 이야기의 시작 부분이다.

② 이야기의 배경이 제시되어 있다.

③ 인물 간의 갈등이 시작되고 있다.

④ 이야기의 주요 인물인 '섬복이'가 제시되어 있다.

⑤ 아직 본격적으로 사건이 발생하지 않은 단계이다.

정답 01 ①   02 ③
풀이 01 이야기의 배경과 주요 인물을 제시하고 있는 것으로 보아 '발단' 단계라고 볼 수 있습니다.   02 인물 간의 갈등이 시작되는 곳은 본격적인 사건이 발생하는 '전개' 단계입니다. 즉, ③은 전개에 대한 설명이므로 이 글에 대한 적절한 설명이 아닙니다.

가 아주 먼 옛날, 아프리카에는 하늘을 날 수 있는 사람들이 있었어. 그 사람들은 마법을 부려 계단을 성큼 올라가듯 공중으로 걸어 올라갔지. 그러고는 검은 새처럼 *평원 위를 훨훨 날았어. 푸른 하늘을 향해 검고 빛나는 날개를 펄럭이면서 말이야.

나 그러던 어느 날, 아프리카의 많은 사람들이 노예로 잡혀 끌려가게 되었어. 그중에는 하늘을 날 수 있는 사람들도 있었지. 사람들은 억지로 배에 태워졌어. 배 안은 잡혀 온 사람들로 가득 차 아주 비좁았지. 하늘을 날 수 있는 사람들은 날개를 펼쳐 날아가고 싶었지만 날개를 펼치는 것조차 할 수 없었어. 결국 날개를 꺾어야 했지.

(중략)

다 여기저기에서 사람들이 크게 울부짖는 소리가 들려왔어. 사람들의 굽었던 등이 똑바로 펴졌지. 날 수 있었던 젊은이들과 노인들이 서로 손을 맞잡았어. 마치 원을 그리며 노래하는 것처럼 보였지만 사람들은 하늘로 날아오를 뿐이었어. 푸른 하늘에 까맣게 무리 지어 나는 모습이 검푸른 까마귀나 시커먼 그림자 같았지. 사람들은 고통의 땅인 농장을 넘어 멀리 날아갔어. 바로 자유를 찾아 날아간 거야.

뒤 줄거리 │ 미처 날아가지 못한 사람들은 노예로 살아간다. 이후 노예제가 폐지됨에 따라 자유를 찾게 된다.

– 버지니아 해밀턴/민수경 엮음, 「하늘을 나는 마법의 주문」

◆ 평원 평평한 들판.

---

01 이 이야기의 시간적 배경을 찾아 써 보세요.

□ □ □ □ □

02 이 이야기의 구조에 대한 설명으로 <u>잘못된</u> 것은 무엇인가요? .... [ ]

① 가 는 인물이 소개되고 이야기가 시작되고 있는 발단 단계이다.
② 나 는 아프리카 사람들이 노예로 끌려가는 과정을 보여주고 있다.
③ 나 는 하늘을 날 수 있는 사람들이 날개를 꺾는 등 갈등이 심화되는 절정 단계이다.
④ 다 는 노예로 살아가던 사람들이 자유를 찾아 날아가며 긴장감이 최고조에 이르고 있다.
⑤ 나 에서 다 로 이야기가 진행되면서 인물들의 갈등이 고조되고 있다.

앞 줄거리 화가인 존시는 ◆폐렴에 걸린다. 존시의 아래층에 살고 있는 화가 베어먼 노인은 존시에게서 창밖의 ◆담쟁이에 붙어 있는 마지막 잎새가 떨어지는 날 자신이 죽게 될 거라는 말을 듣게 된다.

가 밤이 되자 다시 거센 비바람이 불기 시작했습니다. 낮은 처마에서 빗방울이 계속 떨어져 내려 창을 두드렸습니다. 날이 밝자 존시는 수에게 커튼을 열어 달라고 말했습니다. 수는 떨리는 마음으로 커튼을 열었습니다.

담쟁이 잎은 아직 그곳에 그대로 붙어 있었습니다. 존시는 넋이 나간 얼굴로 오랫동안 그것을 바라보았습니다.

그러다가 닭고기 수프를 끓이고 있는 수를 불렀습니다.

"수! 나 나쁜 애였나 봐! 그걸 알려 주려고 저 마지막 잎새가 저렇게 남아 있는 거야. 죽고 싶다고 생각하다니……, 벌 받을 얘기야. 수, 수프 좀 줘. 그리고 우유에 포도주 넣은 것도 갖다 줘. 그리고… 아냐, 그보다도 먼저 손거울 좀 갖다 줘. 그리고 베개도 몇 개 갖다 줄래? 등을 기대고 네가 요리하는 걸 보고 싶어."

그로부터 한 시간 뒤 존시가 밝은 표정으로 말했습니다.

"수, 나 언젠가는 나폴리 만을 꼭 그려 볼 테야."

(중략)

나 "베어먼 씨가 오늘 병원에서 폐렴으로 돌아가셨어."

"뭐라고, 베이먼 씨가 돌아가셨다고?"

존시는 믿을 수 없다는 얼굴로 수에게 물었습니다.

"그저께 아침, 관리인이 방에서 혼자 괴로워하고 있는 베어먼 씨를 봤다는 거야. 구두도, 옷도 흠뻑 젖어 얼음처럼 차가웠대. 그렇게 비가 쏟아지는 밤에 어딜 갔었는지 아무도 몰랐나 봐. 그런데 방 안에서 불이 켜진 채 있는 등불과 사다리, 흩어진 붓 몇 자루, 그리고 노란색과 녹색 그림물감을 푼 팔레트를 발견했다지 뭐야?"

"붓과 물감을? 그럼 그 밤중에 그림을 그렸단 말이야?"

"그 말을 듣고 나는 알 수 있었어. 존시, 잠깐 저기 창밖을 좀 봐. 저 벽 위의 마지막 담쟁이 잎, 좀 이상하지 않아? 바람이 불어도 흔들리지 않잖아. 존시, 저 잎이 바로 베어먼 씨의 걸작이었어. 마지막 잎새가 떨어진 밤에 베이먼 씨는 너를 위해 밤새도록 비를 맞으며 벽에다 그림을 그린 거야."

– 오 헨리/정혜원 엮음, 「마지막 잎새」

◆ **폐렴** 미생물로 인한 감염으로 발생하는 폐의 염증.　　◆ **담쟁이** 포도과에 딸린 다년생 만성 식물.

03 이 이야기의 독자가 보인 반응으로 적절하지 <u>않은</u> 것은 무엇인가요? ⸻⸻⸻ [　　]

① 희정: **가** 에서 존시가 떨어지지 않은 마지막 잎새를 보며 희망을 갖고 있어.

② 명주: **가** 는 마지막 잎새를 확인하는 과정에서 인물의 감정이 최고조에 이르고 있어.

③ 려원: **나** 로 보아 베이먼씨는 생을 마감하기 전 마지막 잎새를 그렸어.

④ 지현: **나** 에서 베이먼씨는 마지막 잎새를 그린 자신을 원망했을 것 같아.

⑤ 이서: **나** 는 마지막 잎새의 비밀을 알게 되며 이야기가 끝나니까 결말 단계에 해당해.

독해 적용

: 다양하게 읽기

독해 적용

1회

쉿, 북촌 한옥 마을

독해가
쉬워지는
낱말

» 다음 뜻을 가진 낱말을 보기 에서 찾아 빈칸에 알맞게 넣어 보세요.

1. 북쪽에 있는 마을.

보기

북촌

남촌

예 종로의 윗동네라고 해서 이름 붙여진 ☐☐은/
는 아름다운 돌담과 기와집이 모여 있는 한옥 마을이
유명하다.

2. 다른 지방이나 나라에 가서 그곳의 풍경이나 문화 등을 구경하는 사람.

보기

방문객

관광객

예 한국적인 풍경에 푹 빠진 외국인 ☐☐☐
들은 인상적인 장면을 사진에 담으려고 한다.

3. 어떤 일을 해결할 계획이나 수단.

보기

대책

문제

예 주민들의 피해를 줄이기 위한 ☐☐ 마련이
필요하다.

독해가
쉬워지는
한마디

　　아름다운 돌담과 기와집이 모여 있는 북촌 한옥 마을은 관광객의 발길이 끊이지 않는 곳으로 유
명해. 그런데 요즘 이곳을 찾는 관광객들과 지역 주민 사이에 갈등이 생겼어. 북촌 한옥 마을에 일
어난 일에 대한 글을 읽으며, 문제를 어떻게 해결해야 할지 함께 생각해 보자.

» 다음 글을 읽고 물음에 답하세요.

가 종로의 윗동네라 해서 이름 붙여진 북촌. 그중에서도 아름다운 돌담과 기와집이 옹기종기 모여 있는 북촌 한옥 마을은 서울에서도 관광객들이 많이 찾는 곳이다. 그런데 최근 이곳에 관광객 방문을 거부한다는 현수막이 붙었다. 북촌 한옥 마을에서 관광객이 ㉠천덕꾸러기가 되어 버린 까닭은 무엇일까?

나 조사에 따르면 하루 평균 약 1만여 명의 관광객이 북촌 한옥 마을을 찾는다고 한다. 이 중 70퍼센트는 외국인 관광객으로, 한국적인 멋과 아름다운 풍경을 사진으로 남기려고 이곳을 방문한다. 하지만 정작 지역 주민들은 엄청난 수의 관광객들로 일상생활에 많은 불편을 겪고 있다고 한다.

다 지역 주민들은 사생활 침해가 가장 심각하다고 한다. 관광 시간이 따로 정해져 있지 않아 밤낮을 가리지 않고 관광객들이 몰려든다는 것이다. 사람이 사는 개인 주택에 불쑥 들어오거나 허락 없이 사진 촬영을 하는 일은 허다하고, 골목 구석구석 관광객들이 버린 쓰레기가 가득하다고 한다. 또 담배꽁초와 같은 쓰레기가 배수구를 막아 악취 또한 골칫거리라고 한다.

라 최근 서울특별시에서는 이런 주민들의 불편을 해결하기 위해 '관광 허용 시간'을 발표하였다. 아침과 저녁에는 시간을 정해 관광을 제한한다는 것이다. 관할 구청에서는 '◆정숙 관광' 홍보 동영상을 제작하여 배포하고, 관광 해설사를 통해 이 캠페인 내용을 알리고 있다. 또한, 관광객 밀집 지역에 '정숙 관광'이란 안내판을 설치하는 노력을 기울이고 있다. 그러나 이런 대책에도 불구하고 마을 주민들이 겪는 불편은 여전히 해결되지 않고 있다.

마 서울특별시와 관할 구청은 지역 주민의 주거 환경을 보호할 수 있는 좀 더 근본적인 대책을 마련해야 한다. 관광객 또한 지역 주민을 배려하는 관광 에티켓을 지켜야 한다. 지역 주민들의 불편이 하루빨리 해결되어야 앞으로도 북촌 한옥 마을의 아름다운 정취를 많은 사람들이 느낄 수 있을 것이다.

◆ **정숙 관광** 관광객 밀집 지역의 주민들을 보호하기 위해 실시하는 것으로, 관광객 스스로 해당 지역 주민들이 불편하지 않도록 예절을 지켜 조용히 여행하도록 하는 것.

1 이 글의 중심 내용은 무엇인가요? ──────────── [   ]

① 북촌 이름의 유래

② 북촌의 역사적 의미

③ 북촌 한옥 마을 주변 문화재 소개

④ 북촌 한옥 마을을 찾는 관광객과 주민들의 갈등

⑤ 북촌 한옥 마을 '관광 허용 시간' 제도 도입의 문제점

2 이 글의 내용과 일치하지 <u>않는</u> 것은 무엇인가요? ──────── [   ]

① 북촌은 종로의 윗동네라 해서 이름 붙여졌다.

② 최근 북촌 한옥 마을을 찾는 관광객의 발길이 뚝 끊겨서 문제이다.

③ 북촌 한옥 마을을 찾는 관광객들로 인하여 사생활 침해가 심각하다.

④ 일부 관광객들이 버린 쓰레기로 북촌 한옥 마을은 몸살을 앓고 있다.

⑤ 관할 구청에서는 지역 주민들의 생활 불편 해소를 위해 노력하고 있다.

3 **가**~**마** 중 '북촌 한옥 마을 주민들이 겪는 생활 불편'에 대하여 설명한 문단은 어디인

가요? ──────────────────────────── [   ]

① **가**   ② **나**   ③ **다**   ④ **라**   ⑤ **마**

4 앞뒤 내용으로 보아 ㉠의 뜻으로 알맞은 것은 무엇인가요? ──────── [   ]

① 미움받는 대상   ② 인기 많은 대상

③ 눈치가 빠른 대상   ④ 밝고 유쾌한 대상

⑤ 시선이 집중되는 대상

5 이 글을 바르게 이해하지 <u>못한</u> 친구는 누구인가요? ───────── [   ]

① 태윤: 내 집에 누가 갑자기 들어와서 허락 없이 사진을 찍으면 얼마나 당황스러울까?

② 선주: 관광객들이 불편하지 않도록 주민들이 북촌 한옥 마을 주변을 깨끗이 청소해야겠어.

③ 가온: 관광객들도 주민에 대한 배려의 마음을 갖고 관광지를 방문할 때 예절을 지켜야겠어.

④ 정우: 한국적인 멋을 자랑하는 북촌 한옥 마을을 보지 못한다면 관광객들은 너무 아쉬울 것 같아.

⑤ 시연: 유명한 관광지라서 방문했는데 관광객을 거부한다고 쓰여진 현수막을 보면 관광객들이 얼마나 속상할까?

6 다음은 이 글을 요약한 것입니다. 빈칸에 알맞은 말은 써넣으세요.

문제 상황	북촌 한옥 마을에 관광객 방문을 (1) [ ] 한다는 현수막이 붙었다.
문제점	북촌 한옥 마을을 찾는 많은 관광객들 때문에 지역 주민들은 사생활 침해와 (2) [ ] 문제, 악취 문제 등 큰 피해를 입고 있다.
노력	서울특별시의 (3) [ ] 시간 도입, 관할 구청의 (4) [ ] 홍보 및 캠페인, 관광객의 에티켓 지키기 등 다양한 대책을 마련해야 한다.

독해 적용

2회

지문이 촉각을 위해 존재한다고?

독해가
쉬워지는
낱말

» 다음 뜻을 가진 낱말을 보기 에서 찾아 빈칸에 알맞게 넣어 보세요.

1. 손가락 끝 마디 안쪽에 있는 살갗의 무늬. 또는 그것이 남긴 흔적.

보기

지문

장문

예 사람의 ☐☐ 은/는 모두 제각각이다.

2. 물건이 피부에 닿아서 느껴지는 감각.

보기

후각

촉각

예 시각 장애인들은 ☐☐ 을/를 이용하여
점자책을 읽는다.

3. 손이 없는 사람에게 인공으로 만들어 붙이는 손.

보기

의수

의족

예 그는 교통사고로 팔을 잃은 후 ☐☐ 에
의지하여 살아가고 있다.

독해가
쉬워지는
한마디

　　지문은 한번 만들어지면 변하지 않고, 나와 똑같은 지문을 가진 사람도 발견할 수는 없어. 그래
서 지문은 범죄 수사에서도 자주 활용되지. 이런 지문이 촉각을 위해 존재한다는 사실을 알고 있
니? 지문에 관한 글을 읽어 보자.

» 다음 글을 읽고 물음에 답하세요.

가 미국의 소설가 마크 트웨인은 "유일하게 지워지지 않는 서명은 사람의 지문이다."라고 말했다. 나이가 들면서 얼굴은 변하지만, 지문은 한번 생겨나면 바뀌지 않는다는 의미다. 이렇게 사람마다 고유하게 나타나는 지문에 대해서 알아보자.

나 지문은 손가락 안쪽 끝에 있는 살갗의 무늬나 그것을 찍은 흔적을 말한다. 이러한 지문은 임신 4개월째에 만들어지는데, 그 형태는 대개 유전자적 체계에 따라 만들어진다. 하지만 엄마 배 속에서의 태아의 위치나 태아가 받는 압력 등도 지문의 모양이 만들어지는 데 영향을 미친다. 그래서 유전자가 같은 일란성 쌍둥이조차 지문이 서로 다르다.

다 두 사람의 손가락에 있는 지문이 일치할 수 있는 확률은 억지로 계산해도 640억분의 1 정도라고 하니, 전 세계에서 지문이 같은 사람은 없다고 해도 ◆과언이 아니다. 지문의 이러한 특성 때문에 최근에는 범죄 수사나 신분 확인을 위한 보안 기술에 지문이 적극적으로 활용되고 있다.

라 그렇다면 사람에게 지문이 있는 까닭은 무엇일까? 여태까지의 ◆정설은 지문이 손가락과 물체 표면의 ◆마찰력을 높여 미끄럼을 방지함으로써 무언가를 더 단단히 붙잡을 수 있도록 해 준다는 것이다. 예를 들어 컵과 같은 표면이 미끄러운 물체를 잡았을 때 컵이 손에서 미끄러지지 않도록 지문이 도움을 준다.

마 최근 과학자들은 지문의 또 다른 역할을 밝혀냈다. 그것은 지문이 손가락의 촉각을 예민하게 한다는 것이다. 손끝으로 물건을 만질 때 피부에 있는 신경이 물체의 진동을 더 섬세하게 감지할 수 있도록 지문이 신호 ◆증폭기 역할을 하기 때문이다.

바 지문이 물건을 단단하게 붙들기 위해서 있든, 촉각을 예민하게 하기 위해 있든 상관없다고 생각할 수도 있다. 그러나 과학자들은 지문의 역할을 보다 정확히 이해해야만 의수나 로봇 손의 기능을 진짜 손의 수준으로 끌어올리는 데 도움이 된다고 말한다. 사람의 손처럼 물건을 만지고 잡으며 감각을 느끼게 하는 데 지문이 그만큼 중요한 열쇠라는 얘기다.

사 인류가 다른 동물보다 뛰어난 까닭 중 하나는 손을 사용하기 때문이다. 그리고 사람의 손이 가진 특별한 기능을 이해하려면 지문의 역할도 빼놓을 수 없다. 지문에 대한 연구를 통해 손이 가진 섬세한 기능을 이해하기 위한 노력은 지금도 진행 중이다.

– 김형자, 「지문이 촉각을 위해 존재한다고?」

◆ **과언** 지나치게 말을 함. 또는 그 말.   ◆ **정설** 일정한 결론에 도달하여 이미 확정하거나 인정한 설.
◆ **마찰력** 두 물체가 접촉하는 면에서 물체의 운동을 방해하는 힘.   ◆ **증폭기** 사물의 범위를 넓혀 크게 하는 작용을 하는 장치.

1 이 글의 중심 내용으로 가장 알맞은 것은 무엇인가요? ───── [　　]

① 지문의 특성과 역할
② 지문의 종류와 형태
③ 지문의 활용 분야와 범위
④ 지문이 사람마다 다른 까닭
⑤ 지문의 뜻과 지문의 형성 시기

2 가 문단에 대한 설명으로 알맞지 <u>않은</u> 것은 무엇인가요? ───── [　　]

① 글의 '처음' 부분에 해당한다.
② 중심 내용을 요약하여 강조하고 있다.
③ 설명하려는 대상을 간단하게 소개하고 있다.
④ 글의 중심 소재를 밝혀 독자의 관심을 끌고 있다.
⑤ 유명인의 말을 내세워 독자의 호기심을 유발하고 있다.

3 나와 라 문단에 주로 사용된 설명 방식은 무엇인가요? ───── [　　]

	나		라			나		라
①	예시	–	분석		②	예시	–	정의
③	예시	–	분류		④	정의	–	분석
⑤	정의	–	예시					

4 나~바 중 다음 문장을 뒷받침 내용으로 사용할 수 있는 문단은 어디인가요? [　　]

> 실제로 손가락이 유리처럼 매끄러울 때보다 지문이 있을 때 물건의 재질을 최대 100배까지 더 예민하게 느낄 수 있다는 실험 결과가 나오기도 했다.

① 나　　② 다　　③ 라　　④ 마　　⑤ 바

5 이 글을 읽고, 다음 질문에 가장 바르게 대답한 친구는 누구인가요? ————— [   ]

> 지문에 대해 지속적으로 연구해야 하는 필요성은 무엇일까요?

① 영수: 지문의 특성을 범죄 수사에 적극 활용함으로써 범죄율을 낮추기 위해서입니다.

② 경재: 지문에 대한 연구를 바탕으로 신분 확인을 위한 보안 기술을 개발하기 위해서입니다.

③ 재영: 손이 가진 섬세한 기능을 이해하여 의수나 로봇 손의 기능을 더욱 끌어올리기 위해서입니다.

④ 진철: 유전자에 따라 달라지는 지문의 형태 연구를 통해 유전자에 대한 다양한 정보를 얻기 위해서입니다.

⑤ 수진: 지문의 형태가 만들어지는 데 영향을 미치는 원인을 분석하여 일란성 쌍둥이에 대한 연구를 하기 위해서입니다.

6 다음은 이 글의 내용을 요약한 것입니다. 빈칸에 알맞은 말을 써넣으세요.

지문

지문이란?	사람에게 지문이 있는 까닭은?
• 손가락 안쪽 끝에 있는 살갗의 (1)[ ](이)나 그것을 찍은 흔적임. • 형태는 대개 (2)[ ] 체계에 따라 만들어지지만, 태아의 위치나 태아가 받는 (3)[ ] 등도 영향을 미침.	• (4)[ ] 을/를 방지해 물체를 더 단단히 붙잡도록 하기 위함. • (5)[ ] 을/를 예민하게 하여 물체의 진동을 더 섬세하게 감지할 수 있게 함.

독해 적용

3회

전자레인지 안전 사용법

독해가
쉬워지는
낱말

» 다음 뜻을 가진 낱말을 보기 에서 찾아 빈칸에 알맞게 넣어 보세요.

1. 일상생활에 없어서는 안 되는 반드시 필요한 물건.

보기

필수품

소지품

예 컴퓨터는 이제 모든 업무를 처리함에 있어

☐☐☐ 이다.

2. 쓰이는 곳. 쓰임새.

보기

용도

사용

예 빈 병의 ☐☐ 이/가 다양하다.

3. 형편이나 조건 등이 편하고 좋음.

보기

이익

편의

예 병원은 환자의 ☐☐ 을/를 생각해야 한다.

독해가
쉬워지는
한마디

우리 생활의 필수품 중 하나인 전자레인지. 우리에게 큰 편리함을 주지만 잘못 사용하면 위험할 수도 있어. 전자레인지를 안전하게 사용하는 방법을 알려 주는 글을 읽고 실천해 보자.

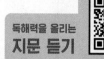

독해력을 올리는
지문 듣기

QR코드를 찍어서 지문을 들어 보세요.

» 다음 글을 읽고 물음에 답하세요.

전자레인지 안전 사용법

전자레인지는 이제 가정뿐 아니라 사무실 등에서도 필수품이 되었습니다. 간단하게 음식을 데울 수 있어 활용도가 높지만, 안전하게 사용하지 않으면 큰 위험이 있을 수 있으므로 주의해서 사용해야 합니다.

전자레인지 사용 시 주의 사항

1. 젖은 종이, 젖은 화폐 등을 돌리지 않기
2. 전자레인지는 데우는 용도이며 요리하는 용도가 아님을 ㉠명심하기
3. 전자파 차단을 위해 안전거리 ㉡준수하기
4. 금속 및 플라스틱 용기는 피하기
5. 아무것도 넣지 않고 돌리지 말기
6. 오래된 고무 패킹은 전자파가 샐 수 있으므로 고무 패킹 잘 ㉢관리하기

전자레인지 사용 불가 식품

1. 달걀: 전자레인지는 ◆마이크로파가 물 분자를 직접 ㉣가열하기 때문에 흰자나 노른자 속에 있는 수분이 수증기로 변하여 부피가 몇 배로 늘어나 달걀이 폭발할 수 있습니다.
2. 수분이 풍부한 과일: 전자레인지는 물 분자를 가열시켜 음식을 데우기 때문에 과일 껍질이 내부의 ㉤압력을 견디지 못하고 터질 수 있습니다.

전자레인지 청소법

1. 귤껍질: 귤껍질을 전자레인지에 넣고 2분간 돌린 후, 귤껍질에서 발생한 ◆수증기를 마른행주로 닦아 줍니다.
2. 레몬 물: 레몬 조각을 띄운 물을 대접에 담아 2분간 돌린 후 전자레인지 내부 벽과 바닥에 맺힌 물기를 마른행주로 닦아 줍니다.

전자레인지는 우리에게 편의를 주는 제품입니다. ⓐ 잘못 사용하게 되면 더 큰 위험을 줄 수 있으므로 무엇보다 안전하고 올바른 사용이 필요합니다.

◆ **마이크로파** 전자레인지에서 음식을 데울 때 사용하는 전자기파의 하나.
◆ **수증기** 기체 상태로 되어 있는 물.

1 이 글에서 주로 다루고 있는 내용은 무엇인가요? ───────────────── [   ]

① 전자레인지의 장단점　　　　　　② 전자레인지의 전기 절약법

③ 전자레인지 구입시 유의점　　　　④ 전자레인지의 다양한 활용법

⑤ 전자레인지를 안전하게 사용하는 방법

2 ㉠~㉺ 중 다음 빈칸에 공통으로 들어갈 낱말은 무엇인가요? ───────── [   ]

┌───┐
│　□□ : 잊지 않도록 마음에 깊이 새겨 둠.　　　　　　　　　│
│　⑩ 이 일이 결코 가벼운 일이 아니라는 것을 □□ 해라.　　│
└───┘

① ㉠　　　　② ㉡　　　　③ ㉢　　　　④ ㉣　　　　⑤ ㉤

3 전자레인지를 사용할 때의 주의할 점으로 알맞지 <u>않은</u> 것은 무엇인가요? ───── [   ]

① 젖은 종이나 젖은 화폐를 넣고 돌려서는 안 된다.

② 음식을 요리하는 용도가 아닌 데우는 용도로 사용하는 것이 좋다.

③ 금속 용기를 사용하면 안 된다.

④ 내부 살균을 위해 아무것도 넣지 않고 가끔 돌려 주는 것이 좋다.

⑤ 고무 패킹이 너무 오래되지 않았는지 확인해야 한다.

4 ⓐ에 들어갈 가장 알맞은 말은 무엇인가요? ───────────────── [   ]

① 그래서　　② 그러나　　③ 그리고　　④ 왜냐하면　　⑤ 그러므로

5 이 글의 내용을 <u>잘못</u> 이해하고 있는 친구는 누구인가요? ———— [　　]

① 기수: 전자레인지는 가정과 사무실 등 우리 생활의 필수품 중 하나야.

② 권형: 전자레인지를 안전하고 올바르게 사용해야 해.

③ 성훈: 전자레인지로 달걀 찌기 등 간단한 요리를 만들 수 있겠어.

④ 은미: 수분이 풍부한 과일은 전자레인지에 넣지 않는 것이 좋겠네.

⑤ 민주: 귤껍질이나 레몬 물을 사용하여 전자레인지를 청소할 수 있구나.

6 다음은 이 글을 요약한 것입니다. 빈칸에 알맞은 말을 써넣으세요.

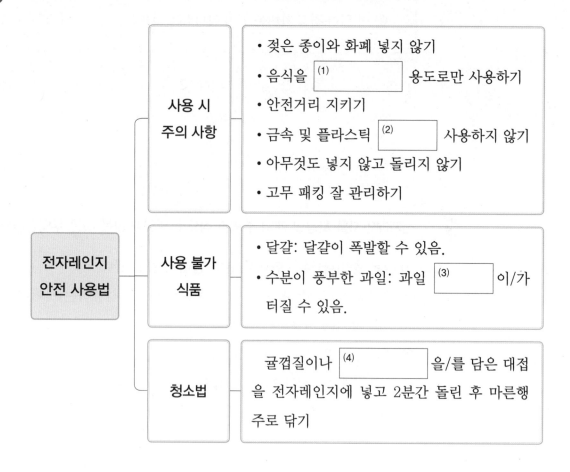

독해 적용

4회

어린이가 화장해도 될까?

독해가
쉬워지는
낱말

» 다음 뜻을 가진 낱말을 보기 에서 찾아 빈칸에 알맞게 넣어 보세요.

1. 화장품을 바르거나 문질러 얼굴을 곱게 꾸밈.

보기

화장
분장

예 엄마는 주름살을 가리려고 ☐☐ 에 공을 들였다.

2. 동물의 몸의 겉 부분을 덮고 있는 부분.

보기

피부
장기

예 사람의 ☐☐ 은/는 외부 환경으로부터
몸을 보호한다.

3. 겉으로 나타나 보이는 모습. 겉모습.

보기

성격
외모

예 친구는 요즘 ☐☐ 에 부쩍 신경을 쓴다.

독해가
쉬워지는
한마디

　　최근 화장을 시작하는 나이가 어려지면서 어린이가 화장하는 것에 대해 걱정하는 목소리가 커지고 있어. 어린이가 화장하는 것의 위험성을 알리고, 무분별하게 화장품을 사용하는 것을 막아야 한다고 주장하는 글을 함께 읽어 볼까?

독해력을 올리는
지문 듣기

QR코드를 찍어서 지문을 들어 보세요.

» 다음 글을 읽고 물음에 답하세요.

가 오늘날 화장을 하는 나이가 점점 어려지고 있다. 어린이들 사이에서 화장하는 방법을 알려 주는 유튜브 채널이 큰 인기를 끌 정도이다. 어른처럼 옷을 입고 진한 화장을 한 아이돌 스타나 어린이 모델을 보며 따라 하기도 하고, 유행하는 화장품이나 화장법을 공유하는 등 어린이들의 새로운 놀이 문화가 되고 있다. 그러나 ㉠어린이가 화장을 하며 느끼는 즐거움만큼 부작용도 심각하다.

나 첫째, ㉡화장을 하면 피부가 쉽게 상할 수 있다. 어린이는 어른보다 피부가 약하다. 그런데 화학 성분으로 된 화장품을 쓰다 보면 피부 알레르기가 일어나기 쉽다. 특히 여드름을 가리기 위해 두껍게 화장을 하는데, 오히려 피부에 염증을 일으킨다. 또, 화장 후 깨끗이 세안을 하지 않아 여드름이나 두드러기가 더 많이 생기는 악순환이 되기도 한다.

다 둘째, 화장품에 들어 있는 ◆유해 물질에 노출되어 건강을 해칠 수 있다. 어린이들은 비교적 값이 싼 '문구점용 화장품'을 사용하게 되는데, ㉢이러한 화장품은 ◆검증을 받지 않은 제품들이 많고, 건강에 유해한 성분들이 들어 있는 경우가 많다. 또한, 검증된 어른용 화장품을 쓰더라도 일부 화학 성분의 경우 어린이의 성장과 건강에 좋지 않은 영향을 미칠 수 있으므로 주의가 필요하다.

라 셋째, 일찍부터 화장을 하며 남들에게 보여지는 것에 신경을 쓰는 어린이들은 ㉣자칫 외모 지상주의 같은 잘못된 가치관을 가질 수 있다. 외모 지상주의란, 외모가 인생의 성공과 실패에 영향을 준다고 생각하고 외모에 지나치게 집착하는 것을 말한다. 어렸을 때부터 화장을 하며 외적인 아름다움에만 관심을 두다 보면 진정한 아름다움이란 무엇인지 미처 생각하지 못하고 자라날 수 있다.

마 호기심과 예뻐지고 싶은 마음에 시작한 화장이 건강하게 자라야 할 어린이들의 피부와 건강을 위협하고 잘못된 가치관에 빠지게 할 수 있다. 화장으로 인한 부작용이 커지기 전에 어린이들에게 화장품의 안전하고 올바른 사용법과 동시에 부작용도 알려 주어 ㉤무분별하게 화장하는 것을 예방해야 한다.

◆ 유해 해로움이 있음.

◆ 검증 검사하여 증명함.

1 글쓴이가 말하고 있는 문제 상황은 무엇인가요? ────────── [　　]

① 화장품 가격이 오르고 있다.

② 화장품 소비량이 줄고 있다.

③ 화장하는 어린이가 늘고 있다.

④ 어린이 화장품을 만드는 회사가 늘고 있다.

⑤ 여드름으로 스트레스를 받는 어린이가 늘고 있다.

2 ㉠~㉤ 중 글쓴이의 주장에 대한 근거로 알맞지 <u>않은</u> 것은 무엇인가요? ───── [　　]

① ㉠　　　　② ㉡　　　　③ ㉢　　　　④ ㉣　　　　⑤ ㉤

3 가~마 중 다음 내용과 가장 관련 있는 문단은 어디인가요? ────────── [　　]

> 　기업들은 자사의 제품을 홍보하기 위해서 광고에 화려한 외모를 자랑하는 모델을 출연시킨다. 그리고 각 방송사들도 시청률을 높이기 위해 드라마 주인공으로 미모가 빼어난 배우를 등장시킨다.

① 가　　　　② 나　　　　③ 다　　　　④ 라　　　　⑤ 마

4 이 글의 내용으로 알맞지 <u>않은</u> 것은 무엇인가요? ────────── [　　]

① 어린이 화장법이 유튜브 채널에서 큰 인기를 끌고 있다.

② 어린이들은 어른보다 약한 피부를 가지고 있다.

③ 화장품 원료 중 화학 성분은 피부 알레르기를 유발할 수 있다.

④ 화장 후 세안을 꼼꼼히 하지 않으면 여드름이 생길 수 있다.

⑤ 어린이는 검증된 어른용 화장품을 써야 한다.

5 글쓴이와 같은 관점을 갖고 있는 친구는 누구인가요? ————————————— [   ]

① 오남: 화장을 통해 나만의 개성을 표현할 수 있어.

② 부윤: 화장을 하면 피부에 생긴 여드름을 가릴 수 있어서 좋아.

③ 선영: 호기심으로 시작한 화장이 내 피부와 건강을 위협할 수 있어.

④ 상헌: 문구점에서 값이 싼 화장품을 살 수 있어 편해.

⑤ 경철: 친구들끼리 유행하는 화장품을 서로 나눠 쓰면서 더 친해지는 것 같아.

6 다음은 이 글을 정리한 것입니다. 빈칸에 알맞은 말을 써넣으세요.

어린이들에게 화장품 사용의 위험성을 알려 주고 무분별한 ⁽¹⁾ [   ] 사용을 막아야 한다.

| 화장을 하면 ⁽²⁾ [   ] 이/가 쉽게 상할 수 있다. | 화장품에 들어 있는 유해 물질에 노출되어 ⁽³⁾ [   ] 을/를 해칠 수 있다. | 자칫 외모 지상주의 같은 잘못된 ⁽⁴⁾ [   ] 을/를 가질 수 있다. |

독해 적용

5회

손이 혼자 _ 이상교

독해가
쉬워지는
낱말

» 다음 뜻을 가진 낱말을 보기 에서 찾아 빈칸에 알맞게 넣어 보세요.

1. 땅 밑으로 낸 길.

보기

지하도

상수도

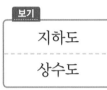 건너편에 있는 친구를 만나기 위해

☐☐☐ 을/를 건넜다.

2. 아무런 생각이나 뜻이 없이.

보기

무심코

일부러

☐☐☐ 뱉은 말 한마디에 누군가는

상처를 받는다.

3. 좁고 닫힌 공간 속에 있어 꽉 막힌 느낌이 있음.

보기

넉넉하다

갑갑하다

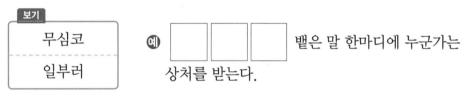 버스 안에 사람이 많아서 ☐☐☐☐ .

독해가
쉬워지는
한마디

　　　추운 겨울, 주머니에 넣어 두었던 두 손이 따뜻해지는 경험을 한 적이 있니? 따뜻한 손으로 친구의 손을 잡고 걸으면 내 마음도 따뜻해진단다. 따뜻한 손이 느껴지는 시를 함께 읽어 보자.

독해력을 올리는
지문 듣기
QR코드를 찍어서 지문을 들어 보세요.

» 다음 시를 읽고 물음에 답하세요.

손이 혼자

이상교

지하도 계단을 내려가면서
무심코 잡은 친구 ㉠손.

"네 ㉡손은 참 따뜻해."
친구는 말했다.
"주머니에 넣고 와서야."
오는 동안 내내
주머니 속에 숨어 있던
내 ㉢손.

정말은
차가운 네 ㉣손 따뜻하게
녹여 주려
㉤손이 혼자
주머니 속에
숨어 있었던 걸 거야.

숨이 막히는 걸
꼭 참고,
갑갑한 걸
꼭 참고,
손이 혼자.

1 이 시는 무엇에 대한 내용인가요? ──────────────── [　　]

① 지하도 계단　　　　　　　② 친구

③ 주머니　　　　　　　　　④ 차가움

⑤ 갑갑함

2 이 시에 대한 설명으로 적절하지 <u>않은</u> 것은 무엇인가요? ──── [　　]

① '나'는 친구의 손을 잡아 주었다.

② 친구는 '나'의 마음에 따뜻함을 느꼈다.

③ 두 명의 친구가 지하도 계단을 내려가고 있다.

④ '나'는 친구에게 줄 것이 있어서 주머니에 손을 넣었다.

⑤ '나'는 친구의 손을 녹여 주기 위해 주머니에 손을 넣고 있었다.

3 ㉠~㉤을 '나'와 친구의 손으로 바르게 나눈 것은 무엇인가요? ──── [　　]

	'나'의 손		친구의 손
①	㉠, ㉡	－	㉢, ㉣, ㉤
②	㉡, ㉢	－	㉠, ㉣, ㉤
③	㉣, ㉤	－	㉠, ㉡, ㉢
④	㉠, ㉢, ㉣	－	㉡, ㉤
⑤	㉡, ㉢, ㉤	－	㉠, ㉣

4 이 시를 읽은 독자의 반응으로 적절하지 <u>않은</u> 것은 무엇인가요? ── [　　]

① '나'의 마음을 친구도 느끼고 있지.

② '나'는 친구를 위한 마음을 직접 드러내지는 않구나.

③ 말하는 이가 친구에게 느끼는 갑갑한 마음이 전해지네.

④ 이 시의 말하는 이는 친구를 아끼는 마음이 있는 것 같아.

⑤ 예전에 추운 겨울 친구와 손을 잡고 걸었던 경험이 떠올라.

「손이 혼자」와 「두 아이」를 읽고 물음에 답하세요.

두 아이

이상현

＊가랑비 내린다

두 아이, 우산도 없이
비 맞으며 간다.

옷은 모두 젖지만
㉠두 아이의 재미난 이야기는
비에 젖지 않는다.

㉡웃음소리도 젖지 않는다.

◆ **가랑비** 가늘게 내리는 비.

5 「두 아이」에 대한 설명으로 적절하지 <u>않은</u> 것은 무엇인가요? ──────── [　　]

① 두 아이는 우산 없이 길을 걷고 있다.
② 이 시의 두 아이는 비가 내리는 날 걷고 있다.
③ 이 시는 이야기를 나누고 있는 두 아이의 모습을 보여 준다.
④ ㉠으로 보아 두 아이는 결국 비를 피했다는 것을 알 수 있다.
⑤ ㉡는 두 아이의 즐거운 기분을 표현하고 있다.

6 두 편의 시에서 나타나는 공통적인 주제는 무엇인가요? ──────── [　　]

① 대화의 중요성 　　　　② 시간의 소중함
③ 친구 사이의 우정 　　　④ 상대를 배려하는 마음
⑤ 자연 현상에 대한 감탄

6회

독해 적용

볼 수도, 만질 수도 없는 화폐

독해가 쉬워지는 낱말

» 다음 뜻을 가진 낱말을 보기 에서 찾아 빈칸에 알맞게 넣어 보세요.

1. 실제 있는 것처럼 보이나 객관적으로는 존재하지 않는 현상.

보기

가상

거짓

예 인터넷은 현실 세계와 다른 [ ][ ] 공간이다.

2. 상품을 교환하는 수단.

보기

화폐

전기

예 물건을 편리하게 교환하기 위해 동전과 같은

금속 [ ][ ] 와/과 지폐가 만들어졌다.

3. 땅을 파고 땅속에 묻혀 있는 광물을 캐냄.

보기

채굴

발명

예 탄광촌에서 [ ][ ] 이/가 중단되자

광부들이 하나둘 떠나갔다.

독해가 쉬워지는 한마디

눈으로 볼 수도 없고 만질 수도 없는 화폐 '비트 코인'이 등장했어. 우리가 물건을 살 때 일상적으로 사용하는 화폐와 비트 코인이 어떻게 다른지 생각하며 글을 읽어 보자.

» 다음 글을 읽고 물음에 답하세요.

가 여러분은 '비트 코인(Bit Coin)'이라는 말을 들어 봤나요? 여기서 코인이란 동전을, 비트는 컴퓨터에서 정보량의 최소 기본 단위를 뜻합니다. 즉, 비트 코인이란 온라인에서 쓰는 돈을 말합니다. 그렇다면 비트 코인은 현재 우리가 쓰는 돈과 어떻게 다를까요?

나 비트 코인은 지폐나 동전과 달리 눈으로 볼 수도 없고 만질 수도 없습니다. 온라인에서만 거래되는 가상 화폐이기 때문입니다. 그렇지만 온라인에서는 실제 돈처럼 어떤 물건이든 살 수 있습니다.

다 그렇다면 눈에 보이지도 않는 가상 화폐를 어떻게 만드는 것일까요? 돈을 은행에서 찍어 내는 것과 달리 컴퓨터 프로그램으로 암호와 같은 수학 문제를 풀어 그 대가로 비트 코인을 얻는 것입니다. 이런 과정이 마치 광부가 땅을 파고 금을 캐는 것 같다고 해서 '비트 코인 채굴'이라고도 합니다.

라 하지만 비트 코인을 필요한 만큼 만들 수 있는 것은 아닙니다. 비트 코인은 전체 통화량이 정해져 있습니다. ㉠통화량이란, 나라 안에서 실제 쓰고 있는 돈의 양을 말합니다. 나라마다 경제 상황 등을 고려하여 통화량을 결정하여 돈을 만들어 냅니다. 그러나 비트 코인은 만들어 낼 수 있는 최대량이 2,100만으로 정해져 있습니다. 그래서 어느 나라도 마음대로 그 양을 늘리거나 줄일 수가 없습니다.

마 이런 비트 코인이 등장하게 된 것은 편리함 때문입니다. 우리는 물건을 살 때 돈을 준비해야 하고, 혹은 카드로 사더라도 은행에 계좌를 만들어야 합니다. 하지만 비트 코인은 컴퓨터와 인터넷만 있으면 은행을 거치지 않고 누구든지 비트 코인 계좌를 만들 수 있습니다. 그러면 돈을 가지고 다니지 않아도 언제 어디서든 비트 코인으로 물건을 살 수 있습니다.

바 하지만 비트 코인은 편리한 만큼 많은 문제점도 안고 있습니다. 그래서 비트 코인을 실제 화폐로 인정하지 않은 나라들도 많습니다. 앞으로 모든 화폐가 없어지고 비트 코인만 쓰이게 될지, 아니면 비트 코인이 사라지게 될지, 비트 코인의 미래는 알 수 없습니다.

1 이 글의 중심 글감은 무엇인가요? —————————————————— [   ]

① 화폐   ② 통화량

③ 물물 교환   ④ 비트 코인

⑤ 은행 계좌

2 이 글의 내용과 일치하지 <u>않는</u> 것은 무엇인가요? (정답 2개) ————— [,   ]

① 비트 코인은 온라인에서 쓰는 돈이다.

② 비트 코인은 지폐나 동전처럼 손에 들고 다닐 수 있다.

③ 컴퓨터로 수학 문제를 풀면 그 대가로 비트 코인을 얻을 수 있다.

④ 비트 코인은 전체 통화량이 정해져 있다.

⑤ 비트 코인은 은행과 같은 금융 기관에서만 거래할 수 있다.

3 **다** 문단에서 '비트 코인'과 '비트 코인을 채굴하는 사람'을 각각 무엇에 빗대어 설명하였는지 쓰세요.

비트 코인	➡	(1)

비트 코인을 채굴하는 사람	➡	(2)

4 ㉠에 쓰인 설명 방식은 무엇인가요? —————————————————— [   ]

① 원인과 결과를 밝혀 설명하고 있다.

② 대상의 뜻을 분명하게 정하여 밝히고 있다.

③ 대상을 구성하는 요소로 나누어 설명하고 있다.

④ 두 대상이 지닌 차이점을 중심으로 설명하고 있다.

⑤ 두 대상이 지닌 공통점을 중심으로 설명하고 있다.

5 다음 내용은 가~마 문단 중 어느 문단에 이어지는 것이 어울릴까요? ········· [   ]

> 이런 까닭으로 비트 코인은 ◆돈세탁이나 마약 거래 등 범죄에 악용되는 부작용이 발생하기도 한다.
>
> ◆ **돈세탁** 기업의 비자금이나 범죄, 탈세, 뇌물 따위와 관련된 정당하지 못한 돈을 여러 가지 방법으로 정당한 돈처럼 탈바꿈하여 자금 출처의 추적을 어렵게 하는 일.

① 가   ② 나   ③ 다   ④ 라   ⑤ 마

6 다음은 이 글을 요약한 것입니다. 빈칸에 알맞은 말을 써넣으세요.

가 문단	우리가 쓰는 돈과 ⁽¹⁾[ ]의 차이점을 알아보자.
나 문단	비트 코인은 눈으로 볼 수도, 만질 수도 없는 ⁽²⁾[ ]이다.
다 문단	비트 코인은 사용자가 직접 만들어 내는데, 이를 '비트 코인 ⁽³⁾[ ]'이라고도 한다.
라 문단	비트 코인은 전체 ⁽⁴⁾[ ]이/가 정해져 있다.
마 문단	비트 코인은 컴퓨터와 인터넷만 있으면 은행을 거치지 않고 누구든지 비트 코인 ⁽⁵⁾[ ]을/를 만들 수 있다.
바 문단	비트 코인의 미래는 아직 알 수 없다.

독해 적용

7회

오페라와 뮤지컬

**독해가
쉬워지는
낱말**

» 다음 뜻을 가진 낱말을 보기 에서 찾아 빈칸에 알맞게 넣어 보세요.

1. 연극, 무용, 연극 등을 많은 사람 앞에서 보이는 일.

보기
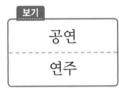
공연
연주

예 행사가 시작되기 전 무대 위에서는

축하 ☐☐ 이/가 시작되었다.

2. 구별하지 못하고 뒤섞어서 생각함.

보기

오해
혼동

예 잠이 다 깨지 않아 현실과 꿈 사이를 ☐☐ 했다.

3. 시를 읽을 때 노래를 부르는 것과 같은 가락.

보기
운율
억양

예 ☐☐ 에 맞추어 시를 낭송했다.

**독해가
쉬워지는
한마디**

　　오페라나 뮤지컬 공연을 본 적 있니? 음악과 함께 공연하는 오페라와 뮤지컬은 비슷한 점도 있고 다른 점도 있어서 혼동하는 친구들도 많을 거야. 오페라와 뮤지컬에 대해 알려 주는 글을 읽고, 오페라와 뮤지컬을 제대로 이해해 보자.

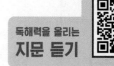

» 다음 글을 읽고 물음에 답하세요.

공연 문화가 발전하면서 어린이들도 오페라나 뮤지컬 공연 등을 관람할 기회가 많아지고 있어. 무대 위에서 공연하는 오페라 가수나 뮤지컬 배우를 꿈꾸는 어린이들도 많아졌지. 그런데 오페라와 뮤지컬을 혼동하는 친구들이 있어. 그래서 오늘은 오페라와 뮤지컬에 대해서 알려 주려고 해.

먼저, 오페라에 대해 말해 줄게. 오페라는 1597년 이탈리아의 피렌체에서 시작되었는데, 그리스 신화를 음악에 맞추어 공연한 연극 「다프네」가 최초의 오페라라고 알려져 있어. 그 후 오페라의 아버지라고 불리는 작곡가 주세페 베르디에 의해 오페라가 자리 잡게 되었단다. 오페라는 19세기 유럽에서 귀족과 서민, 모든 계층이 즐겼던 공연이야. 잘 알려진 오페라 작품에는 「아이다」, 「피가로의 결혼」 등이 있어.

반면, 뮤지컬은 19세기 후반 오페라보다 좀 더 즐겁게 볼 수 있는 공연을 원했던 영국인들을 위해 영국에서 처음 만들어졌어. 오페라에 화려한 춤과 흥겨운 노래를 더한 거야. 이후 미국의 대중음악과 결합해 한편의 쇼(Show)로 발전한 뮤지컬은 전 세계로 퍼지게 되었지. 「캣츠」, 「레 미제라블」 등이 유명한 뮤지컬 작품들이야.

오페라와 뮤지컬 모두 노래와 음악, 이야기가 담긴 음악극을 무대에서 공연한다는 공통점이 있어. 무대 위에서 더 멋진 효과를 주기 위해 조명을 사용하고, 배역에 맞는 의상과 소품을 이용한다는 점도 비슷해.

그러나 오페라와 뮤지컬은 분명하게 구분되는 차이점이 있어. 뮤지컬이 '극'을 더 중요시한다면, 오페라는 '음악'을 더 중요하게 생각하는 ◆장르라는 거야. 그래서 오페라에는 '오케스트라 피트'라고 불리는 관객의 눈에 띄지 않는 무대 아래에 지하 공간이 있어. 이 오케스트라 피트에서 오케스트라가 오페라에 등장하는 모든 음악을 직접 연주해. 그리고 오페라에 등장하는 성악가는 주로 노래를 부르지만, 대사를 하더라도 마치 노래를 부르는 것과 같이 운율이 있는 대사를 해. 반면에 뮤지컬은 배우가 등장해 운율이 없는 대사를 하며 연기를 하거나, 악기를 연주하기도 하고 노래를 직접 부르기도 해.

이 밖에도 오페라는 작곡한 국가의 언어로 공연되지만, 뮤지컬은 주로 공연하는 나라의 언어로 공연된다는 점, 오페라는 춤 동작이 크지 않은 편이나 뮤지컬은 상대적으로 춤 동작이 크고 역동적이며 화려하다는 점 등이 오페라와 뮤지컬의 차이점이지.

어때? 오페라와 뮤지컬에 관해 설명을 듣고 나니까 이제는 혼동할 일은 없겠지?

◆ **장르** 공통의 특징을 지닌 사물의 무리로, 일반적으로 소설, 시, 희곡 등 문학의 형식과 양식을 의미함.

1 이 글에서 설명하는 대상 두 가지를 찾아 쓰세요.

(1) ☐☐☐ 와/과 (2) ☐☐☐

2 오페라에 대한 설명으로 알맞지 <u>않은</u> 것은 무엇인가요? —————— [　　]

① 그리스 신화를 음악에 맞춰 공연한 「다프네」가 최초의 오페라이다.

② 19세기 유럽에서 귀족과 서민, 모든 계층이 즐겼던 공연이다.

③ 오페라는 '극'보다 '음악'을 더 중요하게 생각하는 장르이다.

④ 오페라에 등장하는 모든 음악을 오케스트라가 직접 연주한다.

⑤ 오페라는 춤 동작이 크고 역동적이며 화려한 쇼(Show)처럼 공연한다.

3 다음에서 설명하는 대상을 이 글에서 찾아 쓰세요.

• 오페라 공연장에서 무대와 객석 사이에 있는 지하 공간을 말한다.

• 오페라를 관람하는 관객의 시선을 무대에 집중시키기 위해 눈에 잘 띄지 않는 무대 아래에 오케스트라가 자리 잡는다.

• 이곳에서 오케스트라가 오페라에 등장하는 모든 음악을 직접 연주한다.

☐☐☐☐☐☐

4 이 글을 통해 알 수 있는 내용이 <u>아닌</u> 것은 무엇인가요? —————— [　　]

① 최초의 오페라 작품은 무엇인가?

② 오페라는 언제, 어디에서 시작했는가?

③ 유명한 뮤지컬 배우는 누구인가?

④ 유명한 뮤지컬 작품에는 무엇이 있는가?

⑤ 오페라와 뮤지컬의 차이점은 무엇인가?

5 이 글에서 주로 사용한 설명의 방식은 무엇인가요? (정답 2개) ⸺⸺⸺ [,   ]

① 묘사   ② 비교   ③ 분류   ④ 대조   ⑤ 분석

6 **보기**의 내용을 각각 오페라의 특징과 뮤지컬의 특징으로 구분하여 빈칸에 기호를 써 보세요.

> **보기**
>
> ㄱ. '극'을 더 중요시하는 장르이다.
>
> ㄴ. 오케스트라가 공연에 등장하는 모든 음악을 직접 연주한다.
>
> ㄷ. 노래와 음악, 이야기가 담긴 음악극을 무대에서 공연한다.
>
> ㄹ. 성악가가 운율이 있는 대사를 하며 노래를 한다.
>
> ㅁ. 무대 위에서 더 멋진 효과를 주기 위해 조명을 사용한다.
>
> ㅂ. 배역에 맞는 의상과 소품을 이용한다.
>
> ㅅ. 춤이 역동적이고 화려하다.
>
> ㅇ. 배우가 직접 악기를 연주하기도 하고 노래를 직접 부른다.

	오페라	뮤지컬
공통점	(1)	
차이점	(2)	(3)

세도 정치 시기 조선의 상황

독해가
쉬워지는
낱말

» 다음 뜻을 가진 낱말을 보기 에서 찾아 빈칸에 알맞게 넣어 보세요.

1. 제도나 기구 따위를 새롭게 뜯어 고침.

보기

개혁

개방

예 잘못된 제도를 ☐☐ 하였다.

2. 백성의 재물을 탐내어 빼앗는, 행실이 깨끗하지 못한 관리.

보기

탐관오리

벼슬아치

예 세도 정치 시기, ☐☐☐☐ 은/는
백성들의 재산을 함부로 빼앗아 갔었다.

3. 벌 떼처럼 떼 지어 세차게 일어남.

보기

봉기

파업

예 19세기 초, 농민들은 살기 어려워지자 지배층의
부정부패에 항거하기 위하여 ☐☐ 을/를
일으켰다.

독해가
쉬워지는
한마디

　　19세기 조선은 큰 위기에 직면해. 세도 정치라는 가장 부정부패한 정치가 펼쳐지게 되거든. 이 가운데서 백성들의 삶은 점점 더 힘들어져. 세도 정치란 무엇이며, 이 시기에 조선 사회에 어떤 일들이 벌어졌었는지 알아보자.

독해 완성하기

» 다음 글을 읽고 물음에 답하세요.

선생님 지난 시간에 영조와 정조 시기 정치에 대해 배웠습니다. 오늘은 세도 정치란 무엇인지, 그 시기에는 어떤 일들이 있었는지에 대해 공부하겠습니다.

정조는 여러 개혁 정치를 실시하면서 왕권을 강화하고 정치를 안정시켰습니다. [　㉠　] 갑자기 정조가 세상을 뜨면서, 11살밖에 안 된 어린 세자가 왕위에 올랐는데, 바로 순조입니다. 왕이 되기 위한 준비도 못 한 채 어린 나이에 왕위에 올랐으니, 국가의 중요한 일들을 결정할 만한 능력이 있었을까요?

학생들 아니요.

선생님 그렇다면 어린아이를 왕으로 맞이한 조선은 국가를 운영하기 위해 어떤 방법을 썼을까요?

학생 1 어머니나 할머니 또는 능력 있는 친척들이 도와줬을 것 같아요.

선생님 맞습니다. 조선은 수렴청정이라는 제도가 있었는데, 어린 임금이 즉위했을 때, 당분간 왕의 어머니인 왕대비나 할머니인 대왕대비가 정치를 도와주는 것입니다. 그러다 보니 이 기간에는 자연스럽게 외가의 권력이 세어지게 되어 있습니다. 수렴청정 기간 나타날 수 있는 가장 큰 문제는 무엇일까요?

학생 2 왕이 성인이 되어 정치를 할 수 있게 된 후에도, 왕대비나 대왕대비가 임시로 가져간 권력을 돌려주지 않을 수 있을 것 같아요.

선생님 맞아요. 그것이 수렴청정의 가장 큰 문제점이라 할 수 있죠. 그런데 조선은 순조 이후 헌종, 철종까지 3대 60여 년간 비슷한 상황이 반복되었습니다. 특히 왕의 외척을 중심으로 안동 김씨, 풍양 조씨 등 특정 몇몇 가문이 권력을 독점합니다. 이를 세도 정치라고 하는데, 이 시기에 많은 부정부패가 일어났어요. 이는 조선 역사상 가장 [　㉡　] 정치 형태였지요. ㉢어떤 부정부패들이 있었을까요?

학생 1 ⓐ관직을 사고팔았을 것 같아요.

학생 2 ⓑ세금을 함부로 걷고, 백성들을 괴롭혔을 것 같아요.

학생 3 ⓒ자신들의 말을 잘 듣지 않으면 처벌했을 것 같아요.

학생 4 ⓓ자연재해도 많이 발생했다고 들었어요.

학생 5 ⓔ능력이 없는 사람에게 돈을 받고 시험에 합격시켜 줬을 것 같아요.

선생님 여러분들이 말한 것처럼 관직을 사고파는 매관매직이 성행했고, 세금도 함부로 걷었어요. 그때도 지금처럼 세금의 양이 정해져 있었는데, 탐관오리들은 정해진 세금보다 많이 걷거나 내지 않아도 되는 사람들에게 억지로 걷기도 했습니다. 당시 백성들은 살기

어려워 도적이 되거나 살던 곳에서 도망가 떠돌이 생활을 하는 경우도 생겨났어요. 만약
여러분이 당시 백성들이라면 어떤 방법으로 이러한 문제점을 지적했을까요?

학생 1 ▶ 익명으로 글을 써서 담벼락에 붙였을 것 같아요.

학생 2 ▶ 여러 백성들과 함께 힘을 모아 봉기했을 것 같아요.

선생님 ▶ 그렇습니다. 세도 정치 시기에는 전국에서 크고 작은 백성들의 난이 많이 일어났
는데 이것을 민란이라고 합니다. 다음 시간에는 조선 후기를 뒤흔들었던 유명한 민란에 대
해 공부하겠습니다.

1 이 글은 무엇에 대한 내용인가요? ⸺⸺⸺⸺⸺⸺⸺ [   ]

① 수렴청정 　　　　　　　　② 세도 정치

③ 민란의 발생 　　　　　　　④ 영조의 개혁 정치

⑤ 정조의 개혁 정치

2 ㉠에 들어갈 가장 알맞은 말은 무엇인가요? ⸺⸺⸺⸺⸺ [   ]

① 만약　　　② 그런데　　　③ 그래서　　　④ 그러므로　　　⑤ 왜냐하면

3 이 글을 통해 알 수 있는, 순조와 관련된 내용이 <u>아닌</u> 것은 무엇인가요? ⸺ [   ]

① 정조 다음으로 조선의 왕이 되었다.

② 11살의 어린 나이에 왕이 되었다.

③ 수렴청정 제도를 거쳤다.

④ 능력 있는 관리를 많이 등용하였다.

⑤ 세도 정치가 시작되었다.

4 ⓛ에 들어갈 가장 알맞은 말은 무엇인가요? ──────────────── [　　]

① 난폭한 　　　　　　　　 ② 불규칙한

③ 비정규의 　　　　　　　 ④ 불평등한

⑤ 비정상적인

5 ⓐ~ⓔ는 ⓒ에 대한 학생들의 답입니다. 바르지 <u>않은</u> 것은 무엇인가요? ──── [　　]

① ⓐ　　　　　② ⓑ　　　　　③ ⓒ　　　　　④ ⓓ　　　　　⑤ ⓔ

6 다음 밑줄 친 부분과 관련 있는 낱말을 이 글에서 찾아 쓰세요.

> 철종 13년 4월, 경상도 안핵사 박규수가 아뢰기를, "금번 진주의 난민들이 소동을 일으킨 것은 오로지 전 우병사 백낙신이 탐욕을 부려 수탈하였기 때문입니다.
>
> (중략)
>
> 이 때문에 <u>여러 사람들의 노여움이 한꺼번에 폭발하여 이전에 볼 수 없었던 변란이 일어난 것입니다.</u>"라고 하였다.
>
> ─ 『철종실록』

독해 적용

9회

폭염 발생 시 국민 행동 요령

독해가
쉬워지는
낱말

» 다음 뜻을 가진 낱말을 보기 에서 찾아 빈칸에 알맞게 넣어 보세요.

1. 매우 심한 더위를 뜻하는 한자어.

보기

폭설

폭염

예 40℃를 웃도는 ☐☐ 이/가 계속되고 있다.

2. 일을 하는 데 필요한 묘한 이치.

보기

요령

요법

예 엄마는 음식 쓰레기를 줄이는 ☐☐ 을/를 가르쳐 주셨다.

3. 실내의 온도를 낮춰 차게 하는 일.

보기

냉방

냉동

예 정전으로 인해 ☐☐ 이/가 되지 않아 매우 더웠다.

독해가
쉬워지는
한마디

　　여름철마다 폭염이 우리를 힘들게 하고 있어. 야외 활동이 어려워지고 무더위로 인한 환자도 계속 발생하고 있지. 폭염은 무엇이며 폭염이 발생했을 때에는 어떻게 행동해야 하는지 알려 주는 글을 읽어 보자.

» 다음 글을 읽고 물음에 답하세요.

우리나라는 여름철마다 폭염으로 인해 몸살을 앓고 있다. 수시로 폭염 경보가 내려지고 무더위로 인한 환자가 잇따라 발생하고 있다. 낮 최고 기온이 35℃를 넘는 것은 물론, ◆체감 온도는 40℃를 넘기도 한다.

일반적으로 일 최고 기온이 33℃ 이상일 때를 폭염이라고 하며, 국내에서는 일 최고 기온 33℃ 이상이 2일 이상 지속될 때는 폭염 주의보, 35℃ 이상이 2일 이상 지속될 때는 폭염 경보를 발령하고 있다. 폭염은 열대야를 동반하는 경우가 많다. ㉠열대야란 최저 기온이 25℃ 이상인 무더운 밤을 뜻하며, 밤에도 높은 온도가 계속되어 잠을 설치게 한다.

폭염으로 인한 피해를 줄이기 위해 정부에서는 ㉡폭염 발생 시 국민 행동 요령에 대해 아래와 같이 안내하고 있다.

폭염 발생 시 국민 행동 요령

1. 일반 가정에서는
   - 야외 활동을 최대한 자제하고, 외출이 꼭 필요한 경우에는 챙이 넓은 모자와 가벼운 옷차림을 하고 물병을 반드시 휴대한다.
   - 물을 많이 마시고, 카페인이 들어간 음료나 주류는 마시지 않는다.
   - 냉방이 되지 않는 실내는 햇볕을 가리고 맞바람이 불도록 환기를 한다.
   - 창문이 닫힌 자동차 안에는 노약자나 어린이를 홀로 남겨 두지 않는다.
   - 거동이 불편한 노인, 신체 허약자, 환자 등을 남겨 두고 장시간 외출할 경우에는 친인척, 이웃 등에 보호를 부탁한다.
   - 현기증, 두통, 근육 경련 등의 증세가 보이는 경우에는 시원한 곳으로 이동하여 휴식을 취하고 시원한 음료를 천천히 마신다.

2. 학교에서는
   - 에어컨 등 냉방 장치 운영이 곤란한 경우에는 단축 수업, 휴교 등 학사 일정 조정을 검토하고, 식중독 사고가 발생하지 않도록 주의한다.
   - 냉방이 되지 않는 실내에서는 햇볕이 실내에 들어오지 않도록 하고, 환기가 잘되도록 선풍기를 켜고 창문이나 출입문을 열어 둔다.
   - 운동장에서 체육 활동 및 소풍 등 각종 야외 활동을 자제한다.

소 잃고 외양간 고친다는 말이 있다. 이 속담은 '[㉢   ]'는 뜻이다. 폭염 발생 시 국민 행동 요령을 미리 파악하여 폭염에 의한 피해를 줄이기 위해 노력해야 한다.

◆ **체감 온도** 인체가 느끼는 더위나 추위를 숫자로 나타낸 것. 온도, 습도, 풍속 등이 영향을 미침.

1 이 글에서 다루고 있지 <u>않은</u> 내용은 무엇인가요? ⸻⸻⸻⸻ [　　]

① 폭염과 열대야의 의미

② 폭염 경보와 폭염 주의보의 차이

③ 폭염 발생 시 일반 가정에서의 행동 요령

④ 폭염 발생 시 학교에서의 행동 요령

⑤ 폭염으로 인한 세계 여러 나라의 피해 사례

2 ㉠에서 사용된 설명 방식에 대해 바르게 말한 친구는 누구인가요? ⸻ [　　]

① 은애: 예시의 방식으로 적절한 예를 들고 있어.

② 종혁: 분류의 방식을 사용하여 일정한 기준에 따라 나누고 있어.

③ 교준: 대조의 방식을 통해 여러 대상의 차이점을 정리하고 있어.

④ 보람: 어떤 말의 뜻을 명백히 밝히는 정의의 방식을 사용하고 있어.

⑤ 지희: 전체를 부분으로 나누어 설명하는 분석의 방식을 사용하고 있어.

3 다음은 이 글에 제시된 '폭염'과 관련된 용어들을 정리한 것입니다. 빈칸에 알맞은 말을 써넣으세요.

> • 폭염: 일 최고 기온이 ⁽¹⁾[　　] ℃ 이상일 때
>
> • 폭염 주의보: 일 최고 기온 33℃ 이상이 ⁽²⁾[　　]일 이상 지속될 때
>
> • 폭염 ⁽³⁾[　　]: 일 최고 기온 35℃ 이상이 2일 이상 지속될 때
>
> • ⁽⁴⁾[　　]: 일 최저 기온이 25℃ 이상인 무더운 밤

4 ㉡의 내용으로 옳지 <u>않은</u> 것은 무엇인가요? ────────────────── [   ]

① 야외 활동을 자제하고 실내 활동 위주로 한다.

② 꼭 외출해야 하는 경우 모자를 쓰고 가벼운 옷차림을 한다.

③ 물을 자주 섭취한다.

④ 시원한 음료, 커피 등을 자주 마셔 체온을 낮춘다.

⑤ 몸에 이상이 생길 경우 즉시 휴식을 취한다.

5 ㉢에 들어갈 가장 적당한 말은 무엇인가요? ────────────────── [   ]

① 무슨 행동을 하기 전에 한 번 더 고민하고 행동하라.

② 무엇이든 신중하게 생각하고 결정해야 후회가 남지 않는다.

③ 사고가 일어난 뒤에 피해를 줄이기 위해 최선을 다해야 한다.

④ 한번 길들여진 습관은 쉽게 고쳐지지 않으니 처음부터 습관을 잘 들이자.

⑤ 일이 잘못된 뒤에는 손을 써도 소용이 없으니 미리 예방하는 것이 중요하다.

6 보기 의 낱말을 모두 사용하여 이 글의 주제문을 완성해 보세요.

> **보기**
>
> 폭염 발생   노력   피해   국민 행동 요령

주제문 ▶ _____

독해 적용

10회

내 이름은 삐삐 롱스타킹

_ 아스트리드 린드그렌

독해가 쉬워지는 낱말

» 다음 뜻을 가진 낱말을 보기 에서 찾아 빈칸에 알맞게 넣어 보세요.

1. 사람들 입에 오르내려 전하여 들리는 말.

보기

소문

방송

예 곧 전쟁이 난다는 ☐☐ 이/가 온 마을에 퍼졌다.

2. 배의 항해와 배 안의 모든 사무를 책임지고 선원들을 통솔하는 최고 책임자.

보기

선장

교장

예 동화 '피터팬'에 등장하는 후크 ☐☐ 은/는 해적선을 타고 다닌다.

3. 사람의 외모나 성격 따위의 특징을 바탕으로 남들이 지어 부르는 이름.

보기

별명

성명

예 담임 선생님은 호랑이라는 ☐☐ (으)로 불렸다.

독해가 쉬워지는 한마디

이 글의 주인공 삐삐는 부모님이 모두 안 계시지만, 아빠가 식인종의 왕, 엄마가 천사라고 믿으며 씩씩하게 살아가는, 엉뚱하지만 유쾌한 성격을 가진 소녀야. 삐삐가 어떤 아이인지 짐작하며 삐삐의 이야기를 읽어 보자.

» 다음 이야기를 읽고 물음에 답하세요.

삐삐는 학교 운동장으로 정신없이 말을 몰고 들어가 말에서 뛰어 내린 다음, 말을 나무에 묶어놓고 우당탕퉁탕 교실로 뛰어들어 갔다. 발소리가 얼마나 요란했던지 토미와 아니카는 물론이고, 그 반 학생들이 모두 놀라서 벌떡 일어났다. 삐삐는 커다란 모자를 흔들며 소리쳤다.

"여러분, 안녕? 내가 구구단 시간에 제대로 맞춰 왔나요?"

토미와 아니카는 선생님한테 삐삐 롱스타킹이라는 여학생이 새로 올 거라고 미리 말해두었다. 그리고 선생님도 이미 삐삐에 관한 소문을 들은 적이 있다. 선생님은 매우 상냥한 분이셔서 삐삐가 즐겁게 학교에 다닐 수 있도록 최선을 다할 생각이었다.

삐삐는 누가 앉으라고 하지 않았는데 빈 의자에 털썩 주저앉았다. 하지만 선생님은 삐삐가 제멋대로 굴어도 아무 신경도 쓰지 않았다. 선생님은 무척 다정한 목소리로 말했다.

"네가 학교에 다니게 되어 기쁘구나, 삐삐. 학교에서 공부도 많이 하고 즐겁게 지내라."

"네, 그리고 빨리 겨울 방학이 되었으면 좋겠어요. 방학 때문에 학교에 왔거든요. 그래야 공평하잖아요."

선생님이 말했다.

"이름부터 말하렴. 출석부에 네 이름을 올릴 테니까."

"제 이름은 삐삐로타 델리카테사 윈도셰이드 맥크렐민트 에프레임즈 도우터 롱스타킹이에요. 예전엔 바다의 무법자였고 지금은 식인종의 왕인 에프레임 롱스타킹 선장의 딸이죠. 삐삐는 그냥 별명이에요. 아빠가 삐삐로타는 길어서 부르기 불편하다고, 삐삐라는 별명을 붙여 주셨어요."

선생님이 말했다.

"그래? 음, 그럼 우리도 너를 삐삐라고 부를게. 자, 이제 삐삐가 얼마나 아는지 좀 알아볼까? 넌 제법 컸으니까 아는 것도 많겠지? 수학 문제부터 물어볼게. 7 더하기 5는 몇이지?"

삐삐는 놀라고 당황하여 선생님을 쳐다보며 말했다.

"글쎄요, 선생님도 모르는 걸 제가 어떻게 알아요?"

아이들은 모두 놀란 눈으로 삐삐를 지켜보았다. 선생님은 수업 시간에 그런 식으로 대답하면 못쓴다고 타일렀다. 삐삐는 이내 잘못을 뉘우쳤다.

"죄송해요. 몰랐어요. 다시는 안 그럴게요."

선생님이 말했다.

"그래, 다음부터는 그러지 마라. 7 더하기 5는 12란다."

"그것 봐요! 잘 알고 계시면서 왜 물어보셨어요?"

선생님은 삐삐의 행동을 아무렇지 않게 받아들이기로 마음먹고 계속 질문을 했다.

"그럼 삐삐, 8 더하기 4는 몇이니?"

삐삐는 아무렇게나 대답했다.

"한 67쯤?"

㉮ "아니야, 8 더하기 4는 12란다."

삐삐가 말했다.

"선생님, 이건 정말 너무해요. 아까는 7 더하기 5가 12라고 하셨잖아요. 아무리 학교라지만 그건 정말 말도 안 돼요. 그렇게 바보 같은 장난이 재미있으시면 혼자서 구석에 앉아 수학 공부나 실컷 하시지 그러세요? 우린 술래잡기나 하고 놀게 내버려 두시고요."

– 아스트리드 린드그렌/햇살과나무꾼 엮음, 「내 이름은 삐삐 롱스타킹」

1 이 이야기에 등장하는 중심 인물은 누구인가요? ──────── [　　]

① 말　　　　② 삐삐　　　　③ 토미　　　　④ 아니카　　　　⑤ 선장

2 이 이야기의 공간적 배경은 어디인가요? ──────── [　　]

① 교실　　　② 해적선　　　③ 교무실　　　④ 교장실　　　⑤ 삐삐네 집

3 이 이야기에서 삐삐와 선생님 사이에 갈등이 생긴 까닭은 무엇인가요? ──── [　　]

① 삐삐가 요란스럽게 교실로 뛰어들어 와서

② 학교에 처음 온 삐삐가 친구들을 놀리고 괴롭혀서

③ 토미와 아니카가 선생님께 삐삐가 올 거라고 얘기하지 않아서

④ 삐삐와 친해지고 싶은 마음에 토미가 선생님께 거짓말을 해서

⑤ 삐삐가 수학 문제를 계속 질문하는 선생님을 이해할 수 없어서

4 이 이야기에 대한 내용으로 알맞지 <u>않은</u> 것은 무엇인가요? ──────── [　　]

① 학교에 처음 온 날, 삐삐는 말을 타고 왔다.

② 삐삐는 교실에 요란스럽게 뛰어 들어와 인사를 했다.

③ 삐삐가 학교에 오게 된 까닭은 방학 때문이다.

④ 삐삐는 자기의 아빠가 식인종의 왕이라고 소개했다.

⑤ 선생님이 내는 수학 문제의 정답을 삐삐가 모두 맞췄다.

5 ㉠에서 선생님을 대하는 태도로 보아 삐삐의 성격은 어떠한가요? ──── [　　]

① 겸손하다.　　　　　　　　　② 당돌하다.

③ 상냥하다.　　　　　　　　　④ 겁이 많다.

⑤ 부지런하다.

6 다음은 이 이야기의 뒷부분입니다. 뒷이야기까지 읽은 친구들의 반응으로 가장 적절한
것은 무엇인가요? ─────────────────────────── [　　]

> 선생님과 단둘이 남게 되자 삐삐는 선생님 책상 앞으로 갔다.
> "저, 선생님. 학교가 어떤 곳인가 하고 와 봤는데, 참 재미있었어요. 하지만 저는
> 이제 학교에 다니고 싶지 않아요. 겨울 방학이 있든 없든 상관없어요. 학교에선 사
> 과니 고슴도치니 뱀이니 하는 얘기만 잔뜩 하잖아요. 정말 머리가 팽팽 돌 지경이
> 라고요. 하지만 제가 학교를 안 다닌다고 섭섭해하지는 마세요."

① 은희: 삐삐는 처음부터 학교에 오기 싫었는데 억지로 왔구나.

② 진아: 친구들이 괴롭혀서 삐삐가 학교에 적응할 수가 없겠어.

③ 주호: 놀기 좋아하는 삐삐에게 학교에서 하는 공부는 따분했겠어.

④ 재환: 삐삐는 겨울 방학에도 학교에 나와 공부를 하고 싶어 하는구나.

⑤ 수현: 배우는 것을 좋아하는 삐삐가 내일부터 열심히 학교에 다니겠어.

독해 적용

11회

효과적인 광고 전략, PPL

**독해가
쉬워지는
낱말**

» 다음 뜻을 가진 낱말을 **보기** 에서 찾아 빈칸에 알맞게 넣어 보세요.

1. 상품이나 서비스에 대한 정보를 여러 가지 매체를 통하여 소비자에게 널리 알리는 의도 적인 활동.

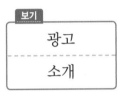

보기

광고

소개

㉠ 기업은 ☐ ☐ 을/를 통해 소비자에게
제품을 알린다.

2. 널리 알림. 또는 그 소식이나 보도.

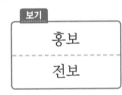

보기

홍보

전보

㉠ 그 영화는 주연 배우가 직접 ☐ ☐ 에 나섰다.

3. 겉으로 드러나거나 드러냄.

보기

출연

노출

㉠ 상품의 이름이나 이미지를 ☐ ☐ 시켜
소비자에게 알린다.

**독해가
쉬워지는
한마디**

직접적으로 대놓고 제품을 홍보했던 과거와 달리 요즘에는 영화나 드라마 속에서 상품이나 이미 지 등을 노출시키는 PPL이 인기를 끌고 있어. PPL의 특징과 부작용에 대한 글을 읽어 보자.

독해 완성하기

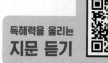

» 다음 글을 읽고 물음에 답하세요.

최근 영화나 드라마에서 등장인물들이 입고 나온 옷이나 신발, 혹은 가구 등을 실제로 구매하려는 사람들이 늘고 있습니다. 이 때문에 영화나 드라마에 상품을 등장시켜 제품을 홍보하려는 기업도 많습니다. 바로 이러한 광고 방식을 PPL(Product Placement)이라고 합니다.

PPL은 영화나 드라마에 제품을 등장시켜 홍보 효과를 얻는 간접 광고의 한 방식입니다. 텔레비전 광고의 경우 정해진 시간 동안 눈길을 사로잡을 만한 아이디어로 시청자의 관심을 끌어 제품의 장점을 직접 홍보합니다. 그러나 PPL은 광고 시간이 정해져 있지 않고 영화나 드라마에 자연스럽게 등장합니다. 이를 본 시청자들이 제품에 대해 궁금증을 갖고 직접 찾아보기도 하고, 때로는 구매로까지 이어지는 것입니다.

미디어가 발달하면서 PPL 광고를 하려는 기업들이 더 늘고 있습니다. 텔레비전 광고보다 비용은 적게 들지만, 영화나 드라마가 흥행할 경우 홍보 효과가 크기 때문입니다. 한 자동차 회사는 자동차 추격 장면이 많은 드라마에 신차를 비롯하여 19대의 차량을 제공하고 130억에 이르는 ◆마케팅 효과를 보았다고 합니다. 자동차를 텔레비전 광고를 할 때 100억 원 정도가 들어가는 것과 비교해 보면 PPL로 어마어마한 홍보 효과를 본 셈입니다.

그러나 PPL에도 부작용은 있습니다. 일부 영화나 드라마에서 특정 상품이 과도하게 등장하면서 PPL이 극의 흐름을 끊기도 합니다. 극 중 인물이나 내용과 상관없이 인위적으로 집어넣은 PPL은 전체 이야기를 어색하게 하여 시청자의 눈살을 찌푸리게 만듭니다. 영화나 드라마의 내용이 주가 되고, PPL은 그 전개를 방해하지 않는 수준이 되어야 합니다. 욕심이 앞서 제품이 너무 부각되면 제품뿐만 아니라 드라마와 영화까지 부정적으로 생각될 수도 있습니다.

적은 비용으로 많은 사람들에게 자연스럽게 제품을 알릴 수 있는 PPL은 분명 효과적인 홍보 전략입니다. 극의 흐름을 끊지 않으면서 적당하게 제품이 노출될 때 ㉠시청자와 기업 모두에게 좋은 광고가 될 것입니다.

◆ **마케팅** 상품과 서비스가 생산자로부터 소비자에게 판매, 전달되는 과정에서 일어나는 모든 활동.

1 이 글에서 주로 설명하고 있는 대상은 무엇인지 쓰세요.

□□□

2 이 글을 통해 전하고자 하는 중심 내용은 무엇인가요? ———— [　　]

① PPL은 텔레비전 광고에 비해 광고비가 적게 든다.
② 광고는 시청자와 기업 사이에 놓여 징검다리 구실을 한다.
③ 영화나 드라마를 보다 보면 특정 회사의 제품이 등장한다.
④ 시청자는 텔레비전 광고를 통해 상품에 대한 정보를 알 수 있다.
⑤ 제품 노출이 적당한 PPL은 시청자와 기업 모두에게 좋은 광고 전략이 될 수 있다.

3 ㉮에서 사용된 설명 방식과 같은 방식으로 설명하고 있는 것은 무엇인가요? ― [　　]

① 탄수화물이 들어 있는 식품에는 밥, 빵, 국수 등이 있다.
② 태극기의 모양은 흰색 바탕, 태극 문양, 사괘로 나누어 설명할 수 있다.
③ 동물은 척추(등뼈)의 유무에 따라 동물과 식물, 미생물로 분류할 수 있다.
④ 추론이란 이미 알려진 정보를 근거로 다른 판단을 이끌어 내는 것을 말한다.
⑤ 오토바이는 연료가 있어야 움직이지만, 자전거는 연료 없이도 움직일 수 있다.

4 이 글의 내용과 일치하지 <u>않는</u> 것은 무엇인가요? ———— [　　]

① 영화나 드라마에 상품을 등장시켜 제품을 홍보하는 기업들이 많다.
② 텔레비전 광고는 제품의 장점을 직접 홍보하는 방식이다.
③ PPL은 광고 시간이 정해져 있어 한정된 시간 안에 시청자의 관심을 끌어야 한다.
④ PPL은 영화나 드라마가 흥행할 경우 홍보 효과가 크다.
⑤ 극 중 내용과 상관없이 인위적으로 집어넣은 PPL은 전체 이야기를 어색하게 한다.

5 ⊙에 어울리는 속담은 무엇인가요? [   ]

① 누워서 침 뱉기　　　　　② 금강산도 식후경
③ 자는 범 코 찌르기　　　　④ 누이 좋고 매부 좋다.
⑤ 천 리 길도 한 걸음부터

6 다음은 이 글을 요약한 것입니다. 빈칸에 알맞은 말을 써넣으세요.

가 문단	(1) [ ] 광고 방식이 인기를 끌고 있다.
나 문단	PPL은 영화나 드라마에 제품을 등장시켜 홍보 효과를 얻는 (2) [ ]의 한 방식이다.
다 문단	PPL의 홍보 효과 때문에 PPL 광고를 하려는 (3) [ ]들이 늘고 있다.
라 문단	PPL에도 (4) [ ]이/가 있다.
마 문단	제품이 적당히 노출된다면 PPL은 (5) [ ]와/과 기업 모두에게 좋은 광고가 될 것이다.

포기하고 싶을 때 딱 한 걸음만

**독해가
쉬워지는
낱말**

» 다음 뜻을 가진 낱말을 보기 에서 찾아 빈칸에 알맞게 넣어 보세요.

1. 아동이 신체적·정신적·사회적으로 성인이 되어 가는 도중의 시기.

보기

청소년기

청장년기

예 □□□□ 은/는 인격을 형성하는
매우 중요한 시기이다.

2. 변하지 아니하는 존재의 본질을 깨닫는 성질. 또는 그 성질을 가진 독립적 존재.

보기

정체성

존재감

예 청소년기는 자신의 □□□ 을/를
확립하는 시기이다.

3. 마음이나 기운이 꺾임.

보기

포기

좌절

예 그들은 몇 번의 □□ 을/를 딛고 결국
성공했다.

**독해가
쉬워지는
한마디**

　　우리는 살면서 시련이나 고통이 찾아오면 나쁜 일이 벌어졌다고만 생각해. '왜 하필이면 이런 일이 나에게 일어났을까?' 하고 생각하며 세상을 원망하기도 해. 그렇지만 시련이나 고통이 꼭 나쁜 것만은 아니야. 적절한 좌절이 왜 필요한지 생각해 보자.

» 다음 글을 읽고 물음에 답하세요.

가 청소년기는 아동이 신체적·정신적·사회적으로 성인이 되어 가는 시기이다. 그렇기 때문에 이 시기에는 자기 정체성에 대하여 혼란을 느끼는 경우가 많고 정신적으로 불안정하기 쉽다. 대부분의 청소년들은 이러한 혼란을 잘 극복하지만, 그렇지 못한 청소년들은 고통과 시련이 찾아오면 지레 겁부터 먹는다. 좌절하고 넘어지면 다시 못 일어나지 않을까를 미리 염려하기도 한다. 그렇다면 좌절은 우리 인생에서 아무 필요가 없는 것일까?

나 역사학자 토인비는 『역사의 연구』라는 책에서 아주 재미있는 역사 이론을 펼친다. 인간이 ♦가혹한 환경에 맞서 싸우는 과정에서 인류 역사가 발전해 왔다고 주장한 것이다. 고대 중국 문명을 예로 들어 보자. 양쯔 강과 황허 강은 중국을 대표하는 강인데, 그중 양쯔 강 ♦유역은 기후가 따뜻하고 농토가 비옥해서 농사를 짓기에는 최적의 환경이었다. 반면 황허 강 유역은 너무 추워서 겨울이면 강물이 얼어붙어 배가 다닐 수 없었고, 매년 ♦범람이 잦아 농사 피해가 매우 큰 곳이었다. 그런데 고대 문명이 생겨난 곳은 양쯔 강이 아니라 황허 강 유역이었다. 그래서 토인비는 가혹한 환경이 없었다면 인류는 지금처럼 발전할 수 없었을 거라고 말한다.

다 1960년대 초 어느 생물학자는 막 태어난 쥐 몇 마리를 21일 동안 작은 우리 속에 매일 15분 정도 격리시켰다가 다시 어미에게 보내 주는 실험을 했다. 그 결과 이 쥐들은 성장하면서 스트레스를 받아도 잘 이겨 내고, 모험을 두려워하지 않으며 용감하게 도전했다. 반면 어미와 떨어져 본 경험이 없는 쥐들은 작은 스트레스에도 민감하게 반응하며 괴로워했다. 인간이 건강한 정신을 가지려면 '적절한 좌절'을 경험해야 한다는 것을 증명한 사례이다.

라 그렇다면 ⊙청소년기에 적절한 좌절을 경험하지 않으면 어떤 문제가 생길까? 당시에는 힘든 상황을 겪지 않는다고 좋아할지 모르나, 어른이 되었을 때 더 큰 위기에 부닥칠 수 있다. 2, 30대가 되어 그 나이에 겪어야 할 고통에 사춘기의 고통까지 함께 겪게 될 수 있기 때문이다.

마 어떤 사람들은 잘하지 못할 바엔 처음부터 도전하지 않는 게 낫다고 말한다. 중간에 그만두면 괜히 시간만 낭비하는 셈이라고 주장하면서 말이다. 그러나 그것은 도전이 두려워 포기하는 자의 변명에 불과하다. 포기하고 싶은 마음이 들 때는 더도 말고 딱 한 발자국만 앞으로 나아가 보라. 시련을 이겨 내고 더 단단해진 나를 상상하면서 말이다.

– 이정현, 『심리학, 열일곱 살을 부탁해』

♦ **가혹** 몹시 모질고 혹독함.
♦ **유역** 강물이 흐르는 언저리.
♦ **범람** 큰물이 흘러넘침.

1 이 글의 중심 내용은 무엇인가요? ──────────────── [　　]

① 청소년기의 중요성

② 적절한 좌절의 필요성

③ 도전을 두려워하지 않는 자세의 중요성

④ 인생에서 고통과 시련을 극복하는 방법

⑤ 가혹한 환경에서 인류 역사가 발전한 사례

2 **가** 문단의 내용으로 보아, 청소년기의 특징으로 알맞지 <u>않은</u> 것은 무엇인가요?

──────────────── [　　]

① 아동기와 성인기의 중간 시기이다.

② 정체성의 혼란을 겪는 시기이다.

③ 정신적으로 불안정한 시기이다.

④ 대부분의 청소년들은 이 시기를 잘 극복한다.

⑤ 대부분의 청소년들은 좌절할 것을 미리 염려한다.

3 **나** 문단을 통해 글쓴이가 말하고자 하는 내용은 무엇인가요? ──────── [　　]

① 인간은 가혹한 환경이 있어야만 발전한다.

② 좋지 못한 환경에서 고대 문명은 생겨났다.

③ 시련에 맞서는 과정에서 인류는 발전할 수 있다.

④ 최적의 환경에서는 인류의 발전을 절대 기대할 수 없다.

⑤ 가혹한 환경을 극복하고 이룩한 황허 문명은 위대하다.

4 ㉠에 대한 대답으로 가장 알맞은 것은 무엇인가요? ──────────── [　　]

① 겸손하지 못하고 자만심이 가득한 사람이 된다.

② 다른 사람들과 조화로운 삶을 살지 못하게 된다.

③ 청소년기에 간직할 만한 추억거리를 놓치게 된다.

④ 어른이 되어 겪는 고통을 제대로 실감하지 못하게 된다.

⑤ 어른이 되었을 때, 고통이나 시련을 남들보다 더 크게 느끼게 된다.

5 이 글을 읽고 난 뒤, 바르게 이해하지 <u>못한</u> 친구는 누구인가요? ───────── [　　]

① 영수: 구체적인 사례를 통해 글쓴이의 주장을 효과적으로 드러내고 있어.

② 재영: 일반적인 사람들과는 달리, 글쓴이는 '좌절'을 긍정적으로 보고 있어.

③ 경재: 글쓴이는 실패가 두려워서 아예 시도도 하지 않으려는 사람들을 비판적으로 보고 있어.

④ 수진: 유명한 역사학자의 책을 인용하여 인류 4대 문명을 꼭 이해해야 한다고 주장하고 있어.

⑤ 진철: 성장하면서 건강한 정신을 가질 수 있도록 청소년기에는 적절한 좌절을 경험하는 것이 필요하다고 말하고 있어.

6 다음은 이 글을 요약한 것입니다. 빈칸에 알맞은 말을 써넣으세요.

서론	고통과 시련이 찾아오면 좌절할까 봐 미리 [(1)　　　]하는 청소년들이 있다.
본론	• 토인비는 [(2)　　　]한 환경 때문에 인류가 발전한 것이라고 말한다. • 인간이 건강한 정신을 가지려면 [(3)　　　]을/를 경험하는 것이 필요하다.
결론	[(4)　　　]하고 싶을 때에는 딱 한 발자국만 앞으로 나아가기를 바란다.

입체파 화가 피카소

독해가
쉬워지는
낱말

» 다음 뜻을 가진 낱말을 **보기** 에서 찾아 빈칸에 알맞게 넣어 보세요.

1. 그림 그리는 것을 직업으로 하는 사람.

보기

화가

화자

예 이 그림은 유명한 ☐☐ 의 대표작이다.

2. 예술 창작 활동으로 얻어 지는 제작물.

보기

작문

작품

예 미술 시간에 멋진 ☐☐ 을/를 완성했다.

3. 3차원의 공간적 부피를 가진 물체를 보는 것과 같은 느낌.

보기

평면감

입체감

예 물체를 도화지 속에 진짜처럼 그리려면
☐☐☐ 을/를 잘 표현해야 한다.

독해가
쉬워지는
한마디

사람의 앞·뒤·옆모습을 한꺼번에 그림에 그려 넣은 엉뚱한 화가가 있어. 바로 20세기 현대 미술의 거장으로 불리는 화가 '파블로 피카소'야. 화가 피카소의 삶이 어땠는지, 어떤 작품을 남겼는지 알려 주는 글을 읽어 보자.

독해력을 올리는
지문 듣기

QR코드를 찍어서 지문을 들어 보세요.

» 다음 글을 읽고 물음에 답하세요.

'20세기의 천재 화가'라 불리는 피카소(P. R. Picasso)는 스페인에서 가난한 미술 교사의 아들로 태어났다. 어려서부터 그림에 소질을 보인 피카소의 재능을 살려 주기 위해 그의 아버지는 바르셀로나로 이사를 했다. 그때부터 피카소의 본격적인 미술 공부가 시작되었다. 열여섯 살에 왕립 미술 학교에서 공부했던 피카소는 스페인 미술 학교에서 열리는 ♦콩쿠르를 모두 휩쓸었다. 그리고 스무 살이 되기도 전에 프랑스에서 개인전을 열었다.

1901년에는 파리로 건너가 그곳에서 가난한 사람들의 모습과 생활을 강하고 어두운 푸른빛으로 그렸다. ㉠'청색 시대'로 일컬어지는 이때는 피카소에게 어려움이 많았다. 그래서 힘들고 어렵게 사는 사람들의 삶을 차가운 청색으로 표현했다. 이후 색감이 푸른색에서 분홍색으로 바뀐 ㉡'장밋빛 시대'가 열렸다. 그림이 한층 밝아지고 감성적으로 변했지만, 피카소는 여전히 거지나 곡예사, 악사 등 어려운 삶을 살아가는 사람들의 모습을 그렸다.

그러던 어느 날, 피카소는 인디언과 흑인들의 예술 작품을 보고 충격을 받았다. 네모, 동그라미, 세모 등 단순한 도형으로 이루어진 그들의 그림은 피카소에게 새로운 발상을 하게 했다.

"지금까지는 원근법으로 평면에 입체감을 주었는데……. 하지만 이제 나만의 방법으로 입체감을 주겠어." 피카소는 종이에 사람의 앞·뒤·옆모습을 한꺼번에 그려 넣었다. 옆얼굴에 정면을 보며 붙은 코, 뒷모습 여인에 정면을 바라보는 눈 그리고 복잡하게 겹쳐진 여인들의 모습. 그렇게 처음 내놓은 작품이 「아비뇽의 아가씨들」이다.

▲ 피카소의 「아비뇽의 아가씨들」

하지만 피카소의 새로운 작품을 본 사람들은 말문을 열지 못했다.

"아니, 이게 뭐야? 이걸 그림이라고 그린 거야?"

"이런 저주스러운 그림을 그리다니, 미쳤군." 지금까지와는 다른 괴상망측한 그림에 사람들은 피카소를 비난했다. 하지만 시간이 흐르면서 사람들은 입체주의 그림을 인정하기 시작했다. 그리고 「아비뇽의 아가씨들」은 입체주의 최초의 작품이 되었다.

그 뒤 피카소는 끊임없이 변화를 거듭해 20세기 최고의 입체파 화가로 평가받았다. 그림뿐만 아니라 도기, 조각 등 많은 분야에 좋은 작품을 남겼다. 주요 작품으로는 「게르니카」, 「공 위에서 묘기를 부리는 소녀」, 「광대」, 「곡예사 가족」, 「꿈」 등이 있다.

– 조영경, 『한 권으로 끝내는 교과서 위인』

♦ **콩쿠르** 음악, 미술, 영화를 장려할 목적으로 그 기능의 우열을 가리기 위하여 여는 경연회.

1 이 글은 누구에 대한 전기문인지 쓰세요.

☐☐☐

2 이 글의 특징으로 알맞은 것은 무엇인가요? ⸺⸺⸺⸺ [　　]

① 책을 읽고 느낀 점을 자유롭게 적었다.

② 인물의 삶을 시간의 흐름에 따라 소개했다.

③ 안부를 전하기 위해 대화하듯 솔직히 적었다.

④ 여행하면서 보고 듣고 느낀 점을 자유롭게 썼다.

⑤ 다른 사람을 설득하게 위해 주장과 근거를 내세웠다.

3 다음에서 설명하는 작품의 이름은 무엇인가요? ⸺⸺⸺ [　　]

- 입체주의 최초의 작품으로 불린다.
- 피카소는 이 작품에서 사람의 앞·뒤·옆모습을 한꺼번에 그려 넣었다.
- 옆얼굴에 정면을 보며 붙은 코, 뒷모습 여인에 정면을 바라보는 눈, 그리고 복잡하게 겹쳐진 여인들의 모습을 그렸다.

① 「꿈」 　　　　　　② 「광대」

③ 「게르니카」 　　　④ 「곡예사 가족」

⑤ 「아비뇽의 아가씨들」

4 ㉠에서 ㉡으로 변화하면서 피카소의 작품은 어떻게 달라졌나요? ⟶ [   ]

① 그림 대신 조각에 관심이 많아졌다.

② 그림이 한층 밝아지고 감성적으로 변했다.

③ 인디언과 흑인들의 모습을 그림으로 그렸다.

④ 행복한 삶을 살아가는 사람들의 모습을 많이 그렸다.

⑤ 색감이 분홍색에서 어둡고 차가운 청색으로 바뀌었다.

5 이 글의 내용과 일치하지 <u>않는</u> 것은 무엇인가요? ⟶ [   ]

① 피카소는 어려서부터 그림에 소질을 보였다.

② 피카소는 스무 살이 되기도 전에 프랑스에서 개인전을 열었다.

③ 피카소는 인디언과 흑인들의 예술 작품을 보고 충격을 받았다.

④ 「아비뇽의 아가씨들」은 원근법으로 평면에 입체감을 준 작품이다.

⑤ 피카소는 도기, 조각 등 많은 분야에 작품을 남겼다.

6 다음은 피카소의 「도라 마르의 초상」이라는 작품을 보고 친구들이 나눈 대화입니다. 감상 내용이 적절하지 <u>않은</u> 친구의 이름을 쓰세요. ⟶ [   ]

▲ 피카소의 「도라 마르의 초상」

선준: 입체적인 생동감을 느낄 수 있어.

지호: 그림 속 여자를 보니 눈의 모양이 짝짝이야.

영훈: 어쩜 저렇게 실물과 똑같이 그릴 수 있을까?

서연: 사람의 앞모습과 옆모습을 그림에 한꺼번에 그려

넣어서 입체감을 주었어.

독해 적용 14회 세계 최대의 동영상 사이트

**독해가
쉬워지는
낱말**

≫ 다음 뜻을 가진 낱말을 [보기]에서 찾아 빈칸에 알맞게 넣어 보세요.

1. 물건이나 영역, 지위 따위를 차지하고 있는 비율.

[보기]
점유율
증가율

📝 최근 국내 영화의 스크린 ☐☐☐ 이/가
매우 높다.

2. 어려운 일이나 문제가 되는 상태를 해결하여 없애 버림.

[보기]
해소
해명

📝 취미 생활은 스트레스 ☐☐ 에 도움이 된다.

3. 어떤 자료나 소식을 통하여 얻는 지식이나 상태의 총량.

[보기]
핵심
정보

📝 요즘은 인터넷을 통해 필요한 ☐☐ 을/를
많이 얻는다.

**독해가
쉬워지는
한마디**

　　스마트폰이 사람들의 일상을 지배하는 요즘, 유튜브(YouTube)의 인기는 하루가 다르게 치솟고
있어. 유튜브가 인기가 많은 까닭과 유튜브의 특징을 알려 주는 글을 읽어 보자.

» 다음 글을 읽고 물음에 답하세요.

가 **지금은 유튜브 전성시대**

　스마트폰이 사람들의 일상을 지배하는 사회, 그 중심에 '유튜브(YouTube)'가 있습니다. 요즘은 거실에서 텔레비전을 시청하기보다 언제 어디서나 사용할 수 있는 스마트폰으로 원하는 동영상을 보는 것이 하나의 문화로 자리 잡았어요. 현재 우리나라 국민의 유튜브 총 사용 시간은 한 달 기준 258억 분으로, 1인당 월평균 126회, 882분을 유튜브 시청에 할애하는 것으로 나타났습니다. 한편 전체 동영상 앱(애플리케이션) 가운데 유튜브의 사용 시간 점유율은 85.6퍼센트로 매우 압도적인 수치를 자랑하죠.

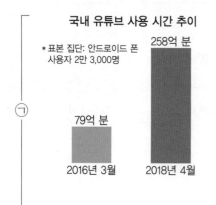

국내 유튜브 사용 시간 추이

*표본 집단: 안드로이드 폰
사용자 2만 3,000명

258억 분

79억 분

2016년 3월　　2018년 4월

ⓐ

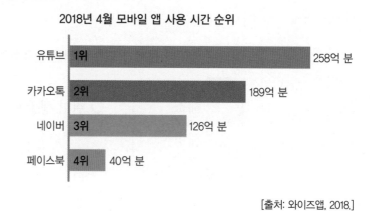

2018년 4월 모바일 앱 사용 시간 순위

유튜브 **1위** — 258억 분
카카오톡 **2위** — 189억 분
네이버 **3위** — 126억 분
페이스북 **4위** — 40억 분

[출처: 와이즈앱, 2018.]

나 **Z세대의 '갓튜브'**

　유튜브의 뜨거운 인기에는 '동영상 검색'이라는 새로운 ⓐ트렌드가 배경으로 작용합니다. 과거에는 누구나 궁금한 것이 생기면 ⓑ포털 사이트에 들어가 검색 창에 관련 ⓒ키워드를 입력했어요. 그런데 요즘은 유튜브에서 관련 영상을 찾아보는 경우가 흔해졌습니다. 즉, 예전에는 '읽는' 검색을 했다면, 지금은 '보고 듣는' 검색으로 트렌드가 바뀌고 있는 거예요.

　이 같은 현상은 어린 연령대에서 더욱 뚜렷하게 나타납니다. 각종 스마트 기기와 ⓓ모바일 앱 사용에 능숙한 요즘 10대는 모든 궁금증을 유튜브 동영상 검색으로 해소하고 있어요. 이들을 일컬어 'Z세대'라고 하는데, Z세대는 어려서부터 디지털 환경에 폭넓게 노출돼 있어 '디지털 네이티브(Digital Native)'라고도 불려요. 이들에게 현재 유튜브는 가장 편한 쉼터이자 학교이며, 세상을 바라보는 창으로 통합니다. 특히 가정, 학교, 학원 등 제한된 환경에서 생활하는 10대는 세상을 향한 다양한 갈증을 유튜브로 해소하려는 경향을 보이죠.

다 떠오른 영상의 시대

요즘 10대가 지식 콘텐츠로 텍스트보다 동영상을 선호하는 데는 뚜렷한 까닭이 있습니다. 동영상은 많은 양의 정보를 글보다 훨씬 쉽고 빠르게 전달하거든요. 현재 유튜브에는 개인이 올린 다양한 정보들이 있습니다. '드론 날리는 법', '앞머리 자르는 법', '환전하는 법', '팔뚝 살 빼는 법' 등 실질적이고 다양한 정보들이 실시간으로 ⓔ업데이트되고 있죠. 그러다 보니 일명 '◆하우 투(How-to)' 검색을 유튜브가 장악하고 있는 상황이에요.

– 이치훈, 「지금은 유튜브 전성시대」

◆ **하우 투(How-to)** 일을 처리하는 방법. 또는 요령.

1 이 글이 주로 설명하고 있는 것은 무엇인가요? ───────────────── [　　]

① 모바일 앱 인기 순위
② Z세대의 의미와 특징
③ 유튜브의 뜨거운 인기와 그 까닭
④ 10대가 텍스트보다 동영상을 선호하는 까닭
⑤ 텔레비전 시청보다 스마트폰을 이용한 동영상 시청이 많아지는 까닭

2 ㉠의 자료를 해석한 것으로 알맞지 <u>않은</u> 것은 무엇인가요? ─────── [　　]

① 2018년 4월 국내 유튜브 사용 시간은 약 258억 분이다.
② 유튜브 사용 시간은 페이스북 사용 시간의 여섯 배보다 더 많다.
③ 카카오톡 사용 시간은 189억 분으로 모바일 앱 사용 시간에서 2위를 차지했다.
④ 국내 유튜브 사용 시간은 2016년에 비해 2018년에 약 세 배 이상 증가했다.
⑤ 네이버와 카카오톡의 앱 사용 시간을 합친 것보다 유튜브 사용 시간이 더 많다.

3 이 글의 내용으로 알맞은 것은 무엇인가요? (정답 2개) ─────── [　 ,　]

① 전체 동영상 앱 가운데 유튜브의 사용 시간 점유율은 60퍼센트 이하이다.
② 대부분의 사람들이 유튜브에서 사진 자료를 검색한다.
③ '보고 듣는' 검색에서 '읽는' 검색으로 변화하고 있다.
④ Z세대에게 유튜브는 세상을 바라보는 창으로 통한다.
⑤ '하우 투(How-to)' 검색을 유튜브가 장악하고 있는 상황이다.

4 ⓐ~ⓔ의 의미로 알맞지 <u>않은</u> 것은 무엇인가요? ──────────────── [   ]

① ⓐ: 시대의 추세, 유행

② ⓑ: 다양한 서비스를 종합적으로 모아 놓은 사이트

③ ⓒ: 핵심 단어

④ ⓓ: 스마트폰 등의 휴대용 기기

⑤ ⓔ: 인터넷상의 정보를 자신의 기기로 내려받는 것

5 (가)와 (나)의 검색 특징을 가장 바르게 제시한 것은 무엇인가요? ──────── [   ]

과거	포털 사이트	(가)	⌨ ▾	🔍
요즘	▶ YouTube	(나)	⌨	🔍

	(가)		(나)
①	키워드 검색	–	하우 투(How-to) 검색
②	하우 투(How-to) 검색	–	키워드 검색
③	텍스트 검색	–	사진 검색
④	동영상 검색	–	텍스트 검색
⑤	'보고 듣는' 검색	–	'읽는' 검색

6 다음은 이 글을 요약한 것입니다. 빈칸에 들어갈 알맞은 말을 써넣으세요.

가 문단	스마트폰이 사람들의 일상을 지배하는 사회, 그 중심에 ⁽¹⁾_____ 이/가 있다.
나 문단	⁽²⁾_____ 검색이라는 새로운 트렌드를 배경으로 ⁽³⁾_____ 에게 유튜브는 가장 편한 쉼터이자 학교이며, 세상을 바라보는 창으로 통한다.
다 문단	동영상은 많은 양의 정보를 글보다 훨씬 쉽고 빠르게 전달하기 때문에 요즘 10대들은 ⁽⁴⁾_____ 보다 동영상을 선호한다.

독해 적용

15회

말 한마디 _ 김갑제

독해가
쉬워지는
낱말

» 다음 뜻을 가진 낱말을 보기 에서 찾아 빈칸에 알맞게 넣어 보세요.

1. 혀나 목구멍에 자극을 받아 아린 듯한 느낌이 있음.

보기

| 우리다 |
| 싸하다 |

예 고추가 매워서 입안이 ☐☐☐ .

2. 마음속에 잊혀 지지 않고 뭉쳐 있음.

보기

| 맺히다 |
| 퍼지다 |

예 친구와 함께한 추억이 송알송알 ☐☐☐ .

3. 쉽게.

보기

| 쉬이 |
| 고이 |

예 슬픔 마음이 ☐☐ 사라지지 않는다.

독해가
쉬워지는
한마디

친구나 가족에게 상처를 주는 말을 한 적이 있니? 후회해도 소용없어. 그러니까 말은 항상 신중히 생각해서 해야 해. 한번 내뱉은 말은 주워 담을 수가 없어. 나도 모르게 상처를 준 사람에게 미안하다는 말 한마디 건네어 보는 것은 어떨까?

» 다음 시를 읽고 물음에 답하세요.

말 한마디

김갑제

할머니 사진을 걸려고
㉠못을 박던 어머니가
그러셨다.

벽에 박힌 ㉡못이야
뽑으면 그만이지,   ㉮
무심코 뱉은 말 한마디가
사람 가슴에 ㉢못질도 하더라.

마음은 착한 거라서
별거 아닌 듯, 싸하게 잊기도 하지만
가슴에 맺힌 말까지
쉬이 잊히는 게 아니란다.

1 이 시에 등장하는 '어머니'의 감정으로 알맞은 것은 무엇인가요? ────── [   ]

① 후회   ② 설렘   ③ 행복   ④ 즐거움   ⑤ 어리둥절

2 다음은 이 시에서 쓰인 '못'의 두 가지 뜻입니다. ㉠~㉢의 의미를 구분하여 기호를 써 보세요.

(1) 재목 따위를 이어 붙이거나 고정시키는 데 쓰는 물건	
(2) 남의 마음속에 상처를 입힘.	

3 ㉮에서 의미하는 것은 무엇인가요? ──────────────── [   ]

① 모든 사물에는 어울리는 표현이 있다.
② 못을 박을 때는 주의를 기울여야 한다.
③ 못질을 할 때 부모님께 부탁해야 한다.
④ 부모님께 효도하는 마음을 가져야 한다.
⑤ 무심코 뱉은 말이 사람에게 상처를 줄 수 있다.

4 이 시를 읽은 독자의 반응으로 가장 적절한 것은 무엇인가요? ────── [   ]

① 은찬: 할머니와 어머니의 대화가 다정해 보여.
② 찬우: '나'는 할머니와 어머니의 이야기를 듣고 있구나.
③ 기성: '나'는 어머니의 말 때문에 상처를 많이 받았나 보다.
④ 정미: 나도 부모님께 못을 박아 달라고 부탁드린 적이 있어.
⑤ 진수: 이제부터 부모님께 상처 드리는 말을 하지 않아야겠어.

잘 안 되는 거

박두순

말은 붙잡아 두려고
애써도
잘 안 됩니다.

오늘도 그만
짝꿍에게
"너 나빠"
불쑥 말해 버리고 말았습니다.

마음이 그 말
붙잡아 두려고 했는데
마음이 그만 그 말을
놓쳐 버렸습니다.

이번엔
"미안해"
이 말을 놓아주고 싶은데
잘 안 됩니다.

5 「잘 안 되는 거」에 대한 설명으로 적절하지 <u>않은</u> 것은 무엇인가요? ⸺⸺ [　　]

① 말하는 이는 친구에게 사과하려 한다.

② '말'을 잡을 수 있는 대상으로 표현하였다.

③ 말하는 이는 친구에게 미안한 마음을 가지고 있다.

④ 말하는 이는 친구에게 상처 주는 말을 한 것을 후회하고 있다.

⑤ 말하는 이는 친구에게 아직 화가 나서 사과를 할 마음이 없다.

6 두 편의 시에서 나타나는 공통점은 무엇인가요? ⸺⸺⸺⸺ [　　]

① 친구에 대한 우정이 드러난다.

② 부모에 대한 그리움이 나타난다.

③ 뱉어 버린 말에 대한 후회가 나타난다.

④ 친구와의 다툼이 두 편의 시의 주요 사건이다.

⑤ 대화로 문제를 해결하는 것의 중요성을 보여 준다.

독해 적용
16회

초등학생에게 학원이 필요할까?

**독해가
쉬워지는
낱말**

» 다음 뜻을 가진 낱말을 보기 에서 찾아 빈칸에 알맞게 넣어 보세요.

1. 자신이 얼마나 행복한가를 스스로 측정하는 지수.

보기

행복 지수
행복 수준

예 소득은 높은 반면에 ☐☐☐☐ 은/는 낮다.

2. 어떠한 것보다 앞서가거나 앞에 있음.

보기

선행
조기

예 이차 방정식을 배우기 위해서 ☐☐ 학습으로 인수 분해를 살펴보았다.

3. 마음이 편하지 아니하고 조마조마함.

보기

공포
불안

예 나는 시험을 앞두고 ☐☐ 에 떨고 있는 동생을 격려해 주었다.

**독해가
쉬워지는
한마디**

　학교 공부에 도움을 받거나 다양한 경험을 하기 위해 많은 초등학생이 학원에 다니고 있어. 그런데 이와 동시에 학원 수업과 학원에서 내주는 숙제들로 인해 많은 부담을 느끼기도 한대. 초등학생에게 학원이 필요한지 주장하는 글을 읽으며 학원에 대한 자신의 생각을 정리해 보자.

» 다음 글을 읽고 물음에 답하세요.

가 부족한 공부에 도움을 받거나 외국어, 운동, 미술 등 다양한 경험을 하기 위해 많은 초등학생들이 학원에 다니고 있다. 그러나 학원에 다니는 것은 여러 가지 부작용도 있다.

나 학원은 학생들에게 스트레스를 주기 때문에 초등학생에게 학원이 필요하지 않다고 생각한다. 「2016년 제 8차 어린이·청소년 행복 지수 국제 비교 연구」 보고서에 따르면 우리나라 어린이의 ◆주관적 행복 지수는 82점으로, 조사 대상인 ◆OECD(경제 협력 개발 기구) 회원국 22개 가운데 최저 수준을 기록했다. 주관적 행복 지수는 스스로 생각하는 행복의 정도를 OECD 평균(100점)과 비교해 점수화한 것이다. 그렇다면 왜 우리 학생들의 행복 지수가 이렇게 낮은 것일까? 보건복지부에서 조사한 아동의 스트레스 원인을 보면, 어린이의 그 까닭을 알 수 있다. 바로 학업 스트레스 때문이다. 이는 지나친 사교육, 즉 학원에 관련이 있다고 할 수 있다.

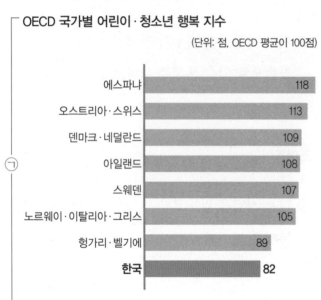

⊙

OECD 국가별 어린이·청소년 행복 지수
(단위: 점, OECD 평균이 100점)

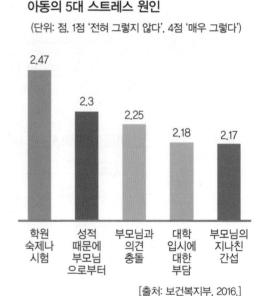

아동의 5대 스트레스 원인
(단위: 점, 1점 '전혀 그렇지 않다', 4점 '매우 그렇다')

[출처: 보건복지부, 2016.]

다 또한, 학원은 학생들이 자기 스스로 공부하지 못하게 만든다. 학생들은 지나친 선행 학습으로 인하여 학교에서 배우는 내용에 흥미를 잃게 된다. ⓒ만화 영화를 보거나 소설을 읽기 전에 결말을 미리 알고 있는 것과 같다. 전문가들 역시 학원에서 이루어지는 선행 학습이 학업에 도움이 되지 않는다고 말한다. 공부는 자신이 주도해야 더 효과적인데, 누군가가 끊임없이 지도하고 점검해 주는 학원에 익숙해진 학생들은 스스로 공부하는 방법을 터득하지 못한다. 따라서 학원에 가지 않고 혼자서는 공부를 하지 못하게 된다.

라 마지막으로, 학원은 학생들을 심리적으로 불안하게 한다. 학원에서 많은 과제를 받으면 아이들은 불안감을 느끼고, 어려운 문제를 풀지 못할 경우 자존감이 떨어질 수 있다. 스스로에 대한 불안과 불만이 성격 장애로 이어지거나 돌발 행동을 일으킬 수도 있다. 실제로 성적을 높이려고 여러 학원에 다니다가 ADHD(주의력 결핍 과잉 행동 장애)나 *번아웃 증후군 등을 앓게 된 초등학생들이 많다.

마 이처럼 학원은 학생들에게 스트레스를 주고 학생을 스스로 공부하지 못하게 하며, 심리적으로 불안하게 만든다. 따라서 초등학생에게 학원은 필요하지 않다.

– 김지은, 「초등학생에게 학원이 꼭 필요할까?」

♦ **주관적** 자기의 견해나 관점을 기초로 하는.

♦ **OECD** 경제 성장, 개발 도상국 원조, 통상 확대의 세 가지를 주요 목적으로 하는 국제 경제 협력 기구

♦ **번아웃 증후군** 신체적 · 정신적 피로감 때문에 무기력해지는 현상.

1 이 글에서 주장하는 것은 무엇인가요? ──────────────── [　　]

① 사교육비를 줄여야 한다.
② 초등학생에게 학원은 필요하지 않다.
③ 선행 학습은 성적 향상에 도움이 된다.
④ 성적을 높이기 위해서는 학업 스트레스를 줄여야 한다.
⑤ 스스로 학습하는 것이 힘들 때는 학원의 도움이 필요하다.

2 ㉠의 자료를 <u>잘못</u> 해석한 것은 무엇인가요? ──────────── [　　]

① 우리나라의 어린이 · 청소년 행복 지수는 82점이다.
② 에스파냐의 어린이 · 청소년 행복 지수가 가장 높다.
③ 아일랜드의 어린이 · 청소년 행복 지수는 OECD 평균보다 높다.
④ 덴마크의 어린이 · 청소년 행복 지수는 한국보다 두 배 이상 높다.
⑤ 헝가리, 벨기에, 한국의 어린이 · 청소년 행복 지수는 100점 이하다.

3 **가**~**마** 중 다음과 같은 역할을 하는 문단은 어디인가요? ────── [　　]

> 글에서 다룰 주된 내용에 대해 관심을 끌게 한다.

① **가**　　　② **나**　　　③ **다**　　　④ **라**　　　⑤ **마**

4 '학원을 통해 선행 학습을 하는 것'을 ⓒ과 같이 말한 까닭은 무엇인가요? ⸺ [   ]

① 결말을 미리 아는 것이 공부에 더 도움이 되기 때문이다.

② 선행 학습이 공부에 매우 도움이 된다고 강조하기 위해서이다.

③ 공부와 만화 영화를 보는 것이 비슷하다고 생각했기 때문이다.

④ 미리 결말을 아는 것은 예습하는 것과 같다고 생각했기 때문이다.

⑤ 내용을 미리 알게 되어 학교에서 그 내용을 배울 때 흥미를 잃기 때문이다.

5 다음 성민이의 주장을 반박할 수 있는 적절한 근거를 말하지 **못한** 친구는 누구인가요?

⸺ [   ]

성민

> 나는 초등학생에게 학원은 필요하다고 생각해. 부족한 공부에 도움을 받을 수도 있고, 공부와 관련된 것이 아닌 다양한 경험도 할 수 있어. 또한, 학교 수업을 마친 뒤 여가 시간을 활용할 수도 있어.

① 지은: 학원의 어려운 문제를 못 풀면 자존감이 떨어지기도 해.

② 미소: 학원의 과제가 학생들을 심리적으로 불안하게 만들기도 해.

③ 성미: 그렇지만 많은 학생들이 학원을 다니면서 스트레스를 받고 있어.

④ 규택: 학원을 다니며 다양한 체험을 하면 몸과 마음이 골고루 자랄 수 있어.

⑤ 한규: 학원에 익숙해지면 스스로 공부하는 방법을 터득하지 못할 수도 있어.

6 다음은 이 글을 요약한 것입니다. 빈칸에 알맞은 말을 써넣으세요.

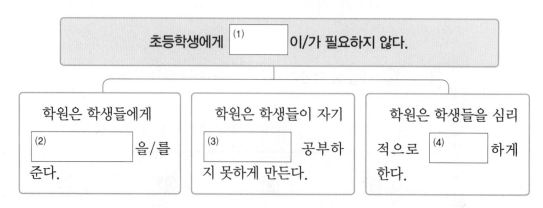

초등학생에게 (1) [   ] 이/가 필요하지 않다.

학원은 학생들에게 (2) [   ] 을/를 준다.

학원은 학생들이 자기 (3) [   ] 공부하지 못하게 만든다.

학원은 학생들을 심리적으로 (4) [   ] 하게 한다.

독해 적용
17회
한국의 풍속화 「파적도」

» 다음 뜻을 가진 낱말을 보기 에서 찾아 빈칸에 알맞게 넣어 보세요.

1. 그 시대의 세상 사람들의 형편이나 풍습을 그린 그림.

보기
> 풍속화
>
> 풍경화

예 [ ][ ][ ] 에는 당시 사람들의
생활 모습이 담겨 있다.

2. 남을 웃기려고 일부러 하는 말이나 몸짓.

보기
> 익살
>
> 미소

예 그의 [ ][ ] 에 모두가 웃음을 터뜨렸다.

3. 전문 분야에서 뛰어나 권위를 인정받는 사람.

보기
> 대가
>
> 대인

예 그가 악기를 다루는 솜씨는 [ ][ ] 못지않았다.

　　조선 후기에는 상업이 발달하면서 평민들 가운데 부자들이 생겨났고, 그들이 부유함을 드러내기 위해 집 안을 그림으로 장식했어. 이때 유행한 그림이 풍속화였지. 당시 가장 유명한 풍속 화가로는 김홍도, 김득신, 신윤복을 꼽을 수 있어. 김득신과 그의 대표적인 풍속화인 「파적도」에 대해서 알아보자.

» 다음 글을 읽고 물음에 답하세요.

가 풍속화란, 이름 그대로 '풍속'을 그린 그림이다. 풍속은 옛날부터 한 사회에 이어져 내려오는 생활 습관을 뜻하므로, 풍속화는 인간이 살아가는 모든 생활 습관을 소재로 한 그림이라 할 수 있다. 한국의 풍속화는 고구려 고분 벽화에서부터 시작되었지만, 본격적인 발전이 이루어진 것은 조선 후기인 18~19세기에 이르러서였다. 조선 후기의 대표적인 풍속 화가였던 김득신이 그린 「파적도(破寂圖)」를 감상해 보자.

나 김득신은 조선 최고의 풍속 화가였던 김홍도를 너무나 좋아하여 김홍도의 주제와 기법까지 그대로 흉내 냈다. ㉠두 화가의 ♦필법은 국화빵처럼 닮은꼴이어서 ♦낙관이 없는 몇몇 그림은 누구의 그림인지 구별조차 힘들다. 김득신은 김홍도의 『풍속화첩』을 모방한 『긍재전신화첩』을 만들었다. 긍재는 김득신의 호이다.

다 오른쪽 그림은 『긍재전신화첩』에 들어 있는 작품 중 김득신의 개성이 가장 돋보이는 걸작으로 평가받는 「파적도」이다.

▲ 김득신의 「파적도」

라 나무에 붉은 꽃망울이 맺힌 따뜻한 봄날, 들고양이가 한가롭게 마당에서 놀고 있는 병아리 한 마리를 입에 물고 잽싸게 도망친다. 순식간에 새끼를 뺏긴 어미 닭은 깜짝 놀라 꼬꼬댁 홰를 치며 도둑고양이를 위협한다. 어처구니없는 장면을 본 농부가 돗자리 짜는 일을 내팽개치고 황급히 담뱃대를 휘두르며 고양이를 뒤쫓는다. 그러나 마음이 발보다 앞선 탓일까? 농부는 그만 마루 아래로 떨어지고 만다. 볼품없이 나동그라진 남편을 보고 기겁을 한 아내가 찢어질 듯 비명을 지른다. 들고양이는 꼬리를 치켜세운 채 "어디 잡아 보렴." 하듯 뒤돌아보며 잔뜩 약을 올린다. 당황한 농부의 표정과 고소해하는 고양이의 익살스러운 대비가 사람들의 입가에 저절로 미소가 흐르게 한다.

마 한가한 봄날 농가의 ♦적막을 깨며 벌어진 사건을 이토록 재미있게 묘사한 작품이 또 있을까? 「파적도」는 김득신이 　　　㉡　　　 대가라는 사실을 유감없이 보여 준다. 이처럼 김득신은 민중들의 일상에 흐르는 익살과 ♦해학을 뛰어난 방법으로 표현했다. 김득신은 서민들의 생활상과 놀이 문화도 양반 문화 못지않게 가치 있다는 것을 그림으로 증명했던 조선 시대 대표적인 화가이다. 　　　　　　－이명옥, 『미술에 대해 알고 싶은 것들』

♦ **필법** 글씨나 문장을 쓰는 법.

♦ **낙관** 글씨나 그림 따위에 작가가 자신의 이름이나 호를 쓰고 도장을 찍는 일. 또는 그 도장이나 그 도장이 찍힌 것.

♦ **적막** 고요하고 쓸쓸함.

♦ **해학** 익살스럽고도 품위가 있는 말이나 행동.

1 이 글은 무엇에 대한 글인가요? ———————————————— [   ]

① 풍속화의 개념과 기능

② 김득신의 대표적 풍속화 「파적도」

③ 풍속 화가 김홍도와 김득신의 공통점

④ 김득신에게 영향을 끼친 대표적 풍속 화가

⑤ 조선 후기에 풍속화가 본격적으로 발전한 까닭

2 다음은 「파적도」라는 제목의 의미입니다. **가**~**마** 중 가장 관련 있는 문단은 어디인가요?
———————————————————————————————————— [   ]

> 「파적도」는 '깨뜨릴 파(破), 고요할 적(寂), 그림 도(圖)'로, '고요함을 깨뜨린 그림'이라는 의미입니다.

① **가**   ② **나**   ③ **다**   ④ **라**   ⑤ **마**

3 ㉠과 같은 표현 방법이 나타나고 있는 것은 무엇인가요? ———————— [   ]

① 내 마음은 호수요 / 그대 노 저어 오오

② 꽃가루와 같이 부드러운 고양이의 털에

③ 쥐구멍에도 볕 들 날이 있다더니, 네가 바로 그렇군!

④ 구름은 / 보랏빛 색지 위에 / 마구 칠한 한 다발 장미

⑤ 연분홍 살구꽃이 바람에 지니 / 나비는 울며울며 돌아섭니다.

4 ㉡에 들어갈 가장 알맞은 말은 무엇인가요? ———————————————— [   ]

① 순간적인 상황 묘사에 뛰어난

② 선비들의 여가 생활을 잘 묘사한

③ 서민들의 힘겨운 일상생활을 잘 표현한

④ 갖가지 전통 놀이와 풍습을 세세하게 그린

⑤ 자연과 조화를 이루며 살아가는 서민의 모습을 잘 표현한

5 이 글로 추론해 볼 때, 김홍도가 그린 작품은 어떤 것일까요? ─────── [   ]

① 풍류를 즐기는 양반들의 삶을 담은 작품

② 남녀 간의 애정을 대담하게 표현한 작품

③ 서민들의 시각에서 양반 문화를 비판하는 작품

④ 서민들의 삶과 정서가 드러나는 일상을 담은 작품

⑤ 산과 물이 어우러진 자연의 아름다움을 그린 작품

6 다음은 이 글을 요약한 것입니다. 빈칸에 알맞은 말을 써넣으세요.

가 문단	풍속화는 인간의 살아가는 모든 (1) [ ] 을/를 소재로 한 그림으로, 조선 후기인 18~19세기에 본격적인 발전이 이루어졌다.
나 문단	김득신은 (2) [ ] 을/를 너무 좋아하여 그의 주제와 기법까지 흉내냈다.
다 문단	「파적도」는 김득신의 (3) [ ] 이/가 가장 돋보이는 걸작으로 평가받는다.
라 문단	「파적도」는 봄날 농가에서 벌어진 일상적인 사건을 담고 있는데, 당황한 (4) [ ] 의 표정과 고양이의 익살스런 대비가 잘 드러난다.
마 문단	김득신은 서민들의 (5) [ ] 와/과 놀이 문화를 가치 있게 그려 낸 조선 시대 대표적인 화가이다.

독해 적용

18회

오늘의 불쾌지수는?

**독해가
쉬워지는
낱말**

» 다음 뜻을 가진 낱말을 보기에서 찾아 빈칸에 알맞게 넣어 보세요.

1. 못마땅하여 기분이 좋지 아니함.

보기

불쾌
분노

예 방 안에서 ⬜⬜ 한 냄새가 났다.

2. 기체 상태로 되어 있는 물.

보기

수증기
물안개

예 ⬜⬜⬜ 이/가 목욕탕을 채우고 있었다.

3. 어떤 물질이 액체 상태에서 기체 상태로 변함.

보기

증발
확산

예 빨아 놓은 수건의 수분이 ⬜⬜ 해 다 말랐다.

**독해가
쉬워지는
한마디**

무더위 여름철 불쾌감을 느낀 적이 있을 거야. 이러한 불쾌감을 시험 점수처럼 수치로 나타낼 수
도 있는데, 이를 불쾌지수라고 해. 불쾌지수는 무엇이며, 불쾌지수에 영향을 미치는 요인은 무엇인
지 알아보자.

» 다음 글을 읽고 물음에 답하세요.

가 무더운 여름철, 친구와 가벼운 일로도 감정이 상하거나 누군가와 살결이 부딪치기만 해도 불편한 느낌을 받은 적이 있을 것이다. 신경은 계속 곤두서 있으며 몸은 끈적끈적하고 짜증 나는 일이 반복되는 경험 말이다. 이것은 높은 기온과 습도로 인해 불쾌감을 느끼기 때문이다.

나 사람들이 불쾌감을 느끼는 정도를 나타낸 것을 불쾌지수라고 한다. 불쾌지수는 기온과 습도에 따라 달라진다. 기온은 공기 온도를 의미하고, 습도는 공기 가운데 수증기가 들어 있는 정도를 의미한다. 불쾌지수가 높으면 사람들이 불쾌감을 느끼기 쉽다는 뜻이고, 불쾌지수가 낮으면 쾌적한 느낌이 들어 불쾌감을 느끼지 않는다는 뜻이다.

다 여름철 기온이 높으면 우리 몸은 땀을 흘리게 되고 그 땀이 증발하면서 우리 몸의 열을 빼앗아 간다. 그러나 습도가 높은 날에는 공기 중에 수증기가 많으므로 땀이 증발하지 못하게 되고 그만큼 열을 빼앗아 가지 못해 덥고 끈적끈적한 느낌이 드는 것이다. 따라서, 습도가 높은 장마철에는 불쾌지수가 매우 높다.

라 우리나라의 경우 일반적으로 불쾌지수가 70~75인 경우에는 약 10퍼센트, 75~80인 경우에는 약 50퍼센트, 80 이상이면 대부분의 사람이 불쾌감을 느낀다고 한다. 특히 불쾌지수가 86 이상이 되면 대부분의 사람이 참을 수 없는 불쾌감을 느낀다. 그러나 자신이 오랫동안 살아온 지역의 기후에 따라 같은 불쾌지수라도 불쾌감을 느끼는 정도가 다를 수 있다. 예를 들면, 서울의 불쾌지수가 80 이상이더라도 기온과 습도가 모두 우리나라 여름보다 높은 지역에서 살다가 서울에 여행을 온 사람의 경우에는 〔　　　　㉠　　　　〕

마 사람이 불쾌감을 느끼는 데에는 단순히 기온과 습도뿐 아니라 솔솔 부는 바람, 그날의 몸 상태 등 다양한 상황들이 영향을 미치기 때문에 불쾌지수가 높다고 해서 꼭 불쾌감을 느낀다고는 할 수 없다. 무덥고 후덥지근한 여름철이라고 해도 미리 불쾌지수를 알고 서로 조심한다면 짜증을 내거나 다투는 일을 조금이라도 줄일 수 있지 않을까?

1 이 글에서 다루고 있지 <u>않은</u> 내용은 무엇인가요? ·············· [　　]

① 불쾌지수의 의미

② 습도가 불쾌지수에 미치는 영향

③ 장마철에 불쾌감을 더 쉽게 느끼는 까닭

④ 불쾌지수를 계산하는 방법

⑤ 불쾌지수에 따라 사람들이 불쾌감을 느끼는 비율

2 **가** ~ **마** 중 다음 내용의 특성을 갖는 문단은 어디인가요? ·············· [　　]

- 사람의 첫인상과 같다.
- 읽는 사람의 흥미와 관심을 끈다.
- 보통 글을 쓰는 목적과 설명할 대상이 나타나 있다.

① **가**　　　② **나**　　　③ **다**　　　④ **라**　　　⑤ **마**

3 (가)~(다)에 들어갈 말이 바르게 연결된 것은 무엇인가요? ·············· [　　]

기온이 　(가)　 , 습도가 　(나)　 불쾌지수가 　(다)　 .

	(가)		(나)		(다)
①	낮을수록	–	낮을수록	–	높다
②	낮을수록	–	높을수록	–	낮다
③	높을수록	–	낮을수록	–	높다
④	높을수록	–	높을수록	–	낮다
⑤	높을수록	–	높을수록	–	높다

4 ㉠에 들어갈 내용으로 가장 적절한 것은 무엇인가요? ──────────── [   ]

① 추위를 심하게 느낄 것이다.　　② 불쾌감을 잘 느끼지 못할 수도 있다.

③ 참을 수 없는 불쾌감을 느낄 것이다.　④ 높은 기온 때문에 힘들어 할 것이다.

⑤ 끈적끈적한 느낌 때문에 힘들어 할 것이다.

5 이 글의 내용으로 알맞지 <u>않은</u> 것은 무엇인가요? ──────────── [   ]

① 불쾌지수는 기온과 습도의 영향을 받는다.

② 불쾌지수가 높으면 사람들이 불쾌감을 느끼기 쉽다.

③ 여름철에 습도가 높으면 땀이 증발하지 못해 끈적끈적한 느낌이 든다.

④ 우리나라의 경우, 불쾌지수가 75 이상일 때 대부분의 사람들이 불쾌감을 느낀다.

⑤ 같은 불쾌지수라도 불쾌감을 느끼는 정도는 사람에 따라 다를 수 있다.

6 다음은 습도에 따라 불쾌감을 느끼게 되는 까닭을 도식으로 나타낸 것입니다. 빈칸에 알맞은 말을 써넣으세요.

날씨가 무더워 체온이 올라가면 우리 몸은 ⁽¹⁾ [   ] 을/를 흘림.

↓

땀이 증발하면서 우리 몸의 ⁽²⁾ [   ] 을/를 빼앗아 체온이 내려감.

↓

습도가 높으면 공기 중에 ⁽³⁾ [   ] 이/가 많아 땀이 ⁽⁴⁾ [   ] 하지 못함.

↓

덥고 끈적한 느낌이 들어 불쾌감을 느끼며, 습도가 높은 장마철에는 ⁽⁵⁾ [   ] 이/가 매우 높음.

독해 적용
19회

텔레비전 속의 세상 읽기

독해가
쉬워지는
낱말

» 다음 뜻을 가진 낱말을 보기 에서 찾아 빈칸에 알맞게 넣어 보세요.

1. 어떤 작용을 한쪽에서 다른 쪽으로 전달하는 물체. 또는 그런 수단.

보기

매체
매물

예 신문, 라디오, 텔레비전 등은 ☐☐이다.

2. 인간이 사회의 한 성원으로 생활하도록 어른 세대에 동화함. 또는 그런 일.

보기

사회화
동질화

예 ☐☐☐은/는 인간을 인간답게 만드는 과정이다.

3. 실용에 편리한 기계나 기구.

보기

도구
이기

예 문명의 ☐☐이/가 항상 인간을 편하게만 하는 것은 아니다.

독해가
쉬워지는
한마디

　텔레비전은 복잡한 일상 속에서 정신적·육체적으로 고통을 받는 현대인이 휴식을 취할 수 있도록 도와주는 오락 수단이야. 그 외에도 텔레비전은 우리 생활에서 중요한 기능을 담당하고 있어. 텔레비전이 어떤 기능을 지녔는지 알아 보자.

» 다음 글을 읽고 물음에 답하세요.

텔레비전은 활용만 잘하면 인간 생활에 매우 유용한 매체이다. 막강한 힘을 지녔을 뿐만 아니라, 시청자가 어떻게 활용하느냐에 따라서 쓰임새가 다양할 수 있기 때문이다.

먼저, 텔레비전은 강력한 교육적 기능이 있다. 현대 사회에서 텔레비전은 가장 영향력 있는 사회 교육 교사로서의 역할을 한다. 텔레비전을 통해 제공되는 수많은 유용한 내용의 메시지는 시청자에게 올바른 삶을 살아가는 ◆지표 역할을 할 수 있다. 바람직한 생활의 가치 규범을 가르쳐 줄 뿐 아니라, 언어, 의상, 관습 등 모든 면에서 사회화의 기능을 담당하는 중요한 학습 수단으로 활용될 수 있다.

텔레비전은 대화 상대가 필요한 현대인에게 좋은 친구가 될 수 있다. 진정한 친구는 외로울 때에 동반자가 되어 주고, 슬플 때에 위로해 줄 수 있어야 하는데, 텔레비전은 이를 대신해 줄 수 있기 때문이다. 그래서 좋은 텔레비전 프로그램은 진정한 친구가 없는 현대 사회의 많은 청소년에게 따뜻한 친구 역할을 한다. 좋은 음악 프로그램을 들으면서 아름다운 꿈을 키우기도 하고, 감동적인 드라마를 통해 깊은 내면의 감정을 나누기도 한다. 텔레비전은 다른 어떤 현실 속의 친구들보다도 좋은 친구 역할을 하는 셈이다. 또, 실제 친구들과 나눌 이야깃거리를 제공해 주고, 공통된 화제로 대화를 끌고 가도록 만드는 역할을 하기도 한다.

㉠텔레비전은 세상을 살아가는 데 필요한 정보를 얻는 창구이기도 하다. 신속하고 정확하게 정치, 경제, 사회, 문화 등 다양한 정보를 전달해 주는 중요한 기능을 수행한다. 우리는 텔레비전을 통해 세상을 살아가는 데 필요한 각종 소식을 접할 수 있다. 텔레비전 속의 수많은 정보는, 시청자들이 필요에 따라 올바르게 ◆취사선택할 경우, 중요한 지식을 제공하는 기능을 한다. 텔레비전을 '세계를 향한 창'이라고 부르는 까닭도 바로 이런 정보 전달 기능 때문이다. 특히 텔레비전은 수많은 정보 가운데 이를 적절히 선택할 수 있도록 도와주고 올바르게 이해할 수 있도록 안내해 준다는 점에서 유용하다.

이 밖에도 텔레비전은 여러 형태의 경제 ◆활성화와 문화 창조 및 ◆전승, 여론 조성 등 다양한 기능을 수행하고 있다. 이를 잘 활용할 때, 얼마든지 문명의 이기로 쓸 수 있는 매체라는 사실에 우리는 주목해야 한다.
　　　　　　　　　　　　　　　　　　　　　　　　　　　　　－ 김기태, 「텔레비전, 어떻게 볼 것인가」

◆ **지표** 방향이나 목적, 기준 따위를 나타내는 표지.

◆ **취사선택** 여럿 가운데서 쓸 것은 쓰고 버릴 것은 버림.

◆ **활성화** 사회나 조직 등의 기능이 활발함.

◆ **전승** 문화, 풍속, 제도 따위를 이어받아 계승하거나 물려주어 잇게 함.

1 이 글은 무엇에 대한 글인가요? —————————————— [   ]

① 텔레비전의 기능   ② 텔레비전의 프로그램

③ 텔레비전의 효과와 문제점   ④ 텔레비전을 활용하는 방법

⑤ 학습 수단으로서의 텔레비전

2 이 글의 글쓴이가 주장하는 내용은 무엇인가요? ————————— [   ]

① 텔레비전은 다양한 정보를 전달해 준다.

② 텔레비전 속의 정보는 취사선택해야 한다.

③ 텔레비전은 잘 활용하면 유용한 매체이다.

④ 텔레비전은 나쁜 점보다 좋은 점이 더 많다.

⑤ 텔레비전을 통해 문화가 창조되고 전승된다.

3 이 글에 사용된 주된 내용 전개 방식은 무엇인가요? —————————— [   ]

① 시간의 흐름에 따라 내용이 전개되고 있다.

② 문제의 원인과 해결 방안을 제시하고 있다.

③ 대등한 관계가 있는 항목들을 열거하고 있다.

④ 대상에 대한 다른 사람의 생각과 자신의 생각을 비교하고 있다.

⑤ 대상에 대한 일반적인 의견을 소개한 뒤 자신의 의견을 밝히고 있다.

4 텔레비전 프로그램의 제목으로 추론해 볼 때, ㉠의 내용에 가장 어울리는 것은 무엇인가요? —————————————————————————————— [   ]

① 코미디 만만세!   ② 7080 음악 콘서트

③ 주간 클릭! 북한은 지금   ④ 주말 연속극 ‘달빛 가족’

⑤ 스포츠가 좋아 – 프로야구 생중계

5 텔레비전에 대한 관점이 글쓴이와 비슷한 친구는 누구인가요? ─────────── [　　]

① 준서: 텔레비전은 혼자 시간을 보내게 하므로 좋은 인간 관계를 형성하는 데 장애가 될 수 있어.

② 민주: 텔레비전에서 제공하는 내용 중에는 해가 되는 것도 있는데, 그것을 아무 생각 없이 받아들일 수도 있어.

③ 주희: 텔레비전은 일방적이어서 진정한 감정 소통을 할 수 없기 때문에 현실에서는 오히려 더 외로울 수 있어.

④ 서진: 텔레비전의 정보 프로그램은 생활 속 상식을 풍부하게 전달해 주기 때문에 우리에게 유익하다고 생각해.

⑤ 희준: 텔레비전을 지나치게 시청하다 보면 눈과 몸이 피로해지고, 운동이나 독서 등을 할 수 있는 기회를 **빼앗기게** 돼.

6 다음은 이 글을 요약한 것입니다. 빈칸에 알맞은 말을 써넣으세요.

1문단	텔레비전은 활용만 잘하면 매우 유용한 ⁽¹⁾＿＿＿이다.
2문단	텔레비전은 강력한 ⁽²⁾＿＿＿ 기능이 있어서 시청자들에게 올바른 삶의 지표 역할을 할 수 있다.
3문단	텔레비전은 대화 상대가 필요한 현대인에게 좋은 ⁽³⁾＿＿＿이/가 될 수 있다.
4문단	텔레비전은 다양한 ⁽⁴⁾＿＿＿을/를 전달해 주는 기능을 수행한다.
5문단	텔레비전은 잘 활용할 경우 문명의 ⁽⁵⁾＿＿＿(으)로 쓸 수 있는 매체이다.

독해 적용

20회

다이달로스와 이카로스 _ 한도훈

독해가
쉬워지는
낱말

» 다음 뜻을 가진 낱말을 보기 에서 찾아 빈칸에 알맞게 넣어 보세요.

1. 적을 막기 위하여 흙이나 돌 따위로 높이 쌓아 만든 담.

보기

성문

성곽

예 나는 허물어진 옛 ☐☐ 주변을 거닐었다.

2. 벌집을 만들기 위하여 꿀벌이 분비하는 물질. 누런 빛깔로 상온에서 단단하게 굳어지는 성질이 있음.

보기

조청

밀랍

예 ☐☐ 인형이 뜨거운 열기에 녹아 버렸다.

3. 어떤 일이 일어나기 전에 암시적으로 또는 본능적으로 미리 느낌.

보기

예감

예언

예 맑은 공기를 마시면 건강이 좋아질 것 같은 ☐☐ 이/가 든다.

독해가
쉬워지는
한마디

그리스 로마 신화에 등장하는 다이달로스는 대장간의 신이었던 헤파이스토스의 자손으로, 여신 아테네로부터 기술을 전수받아 건축과 공예에서 뛰어난 면모를 보였다고 해. 글을 읽으며 신화 속에 인간이 어떤 모습으로 나타나고 있는지, 그 모습은 인간의 어떤 특징을 보여 주는지 생각해 보자.

» 다음 이야기를 읽고 물음에 답하세요.

앞 줄거리   크레타섬에서 미노스를 위해 한시도 쉬지 않고 일하던 다이달로스는 자신이 마노스의 노예나 다름없다는 생각을 한다. 그래서 그는 새의 깃털로 날개를 만들어 섬을 탈출하기로 한다. 드디어 날개를 완성한 다이달로스는 섬을 탈출하기에 앞서 아들 이카로스에게 너무 바다 가까이도, 너무 태양 가까이도 날지 말 것을 경고한다.

먼저 다이달로스가 힘차게 성곽을 박차고 날아올랐다. 뒤이어 이카로스도 날아올랐다. 이카로스가 날갯짓을 열심히 하며 환한 미소를 머금은 채 다이달로스 곁으로 다가왔다.

"아버지! 저 아래 마을들이 손바닥만 한데요."

"지금은 경치를 즐길 때가 아니다. 너무 높이 올라가지 마라."

그러나 ㉠이카로스는 나는 데 정신이 팔려 다이달로스가 하는 말이 하나도 귀에 들어오지 않았다. 다이달로스는 앞장서서 빠르게 날아가면서 가끔 아들이 잘 따라오는지 살피기 위해 뒤를 돌아보았다.

지상에서는 사람들이 그들의 모습을 지켜보며 감탄하고 있었다. 사람들은 ㉡그들이 올림포스에서 지상으로 내려오는 신들인 줄 알고 ˙연신 허리를 굽히며 기도를 올리고 있었다.

이카로스는 날개를 달고 하늘을 나는 것이 그렇게 신기할 수가 없었다. 새처럼 가볍게 날아가는 자신이 매우 대견스러웠다. 하늘 높이 올라갈수록 지상의 것들이 콩알만큼 보였다가 모래알만큼 작아졌는데, 그것이 무척이나 재미있었다. 그래서 자꾸만 더 높이 올라갔다.

그러다가 어느덧 이카로스는 이글이글 타오르는 태양 가까이 올라갔다. 하지만 아직도 이카로스는 자신이 위험한 상황에 부닥쳐 있다는 사실을 깨닫지 못했다. 다만 몸에 뜨거운 열기가 덮쳐 와 이제 조금씩 내려가 볼까 생각하는 중이었다. 그런데 그 순간 갑자기 뜨거운 태양 볕에 밀랍으로 붙여 놓은 날개가 어깨에서 떨어져 나갔다. 그리고 그와 동시에 이카로스도 마치 화살을 맞은 새처럼 팔로 공중을 허우적거리다 겁에 질린 비명을 지르며 바다로 떨어지고 말았다. 바다 위에는 떨어진 깃털들이 산산조각이 난 채로 흩어져 있었다.

다이달로스는 아들이 외치는 소리를 듣고 뒤를 돌아보았다. 그런데 아들 이카로스가 보이지 않았다. 불길한 예감이 온몸을 훑고 지나갔다. 바다 밑을 내려다보니 시퍼런 파도가 집채라도 집어삼킬 듯이 ˙요동을 치고 있었다. 그리고 그 위로 새의 깃털이 무수히 흩어져 있었다.

"이카로스! 이카로스!"

다이달로스는 목이 터져라 아들을 불렀다. 그러나 파도 소리 외에는 어떤 소리도 들리지 않았다.

"이 녀석이 도대체 어디로 갔단 말이냐?"

다이달로스는 해안가에 날개를 접고 내려앉았다. 그러고는 해안가를 미친 듯이 훑기 시작했다. 한참을 헤매고 있을 때 시커먼 물체가 바닷물에 떠밀려 왔다. 가까이 가 보니 이카로스였다. 조금 전까지만 해도 그렇게 명랑했던 아들이 순식간에 시체로 변해 바닷물에 떠밀려 왔던 것이다. 다이달로스는 너무 갑작스럽게 당한 일이라 눈물조차 흘릴 수가 없었다. 다이달로스는 멍하니 이카로스의 시체를 바라보다가 시체를 보듬어 안고 들판으로 나아갔다. 가슴이 찢어질 것만 같았다. 그렇게 주의를 주었는데도 이카로스가 하늘 높이 날아오르고 만 것이었다.

다이달로스는 날개를 떼어 버렸다.

– 한도훈, 「다이달로스와 이카로스」 (그리스 로마 신화)

| ◆ **연신** 잇따라 자꾸. | ◆ **요동** 흔들리거나 흔들어 움직임. |

1 이 이야기에 나타난 '이카로스'의 성격으로 가장 알맞은 것은 무엇인가요? ······ [　　]

① 섬세하고 까다롭다.　　　　　② 의심이 많고 소심하다.

③ 온순하고 조심성이 많다.　　　④ 부주의하고 자만심이 있다.

⑤ 도전 정신이 있고 판단력이 있다.

2 ㉠이 사건 전개 과정에서 하는 역할은 무엇인가요? ······ [　　]

① 이카로스의 자신감과 용기를 드러낸다.

② 이카로스에게 불행이 닥칠 것임을 암시한다.

③ 다이달로스에 대한 이카로스의 불손함을 보여 준다.

④ 다이달로스가 자신의 임무를 수행하지 못할 것임을 암시한다.

⑤ 이카로스의 행동에 대한 다이달로스의 실망과 분노를 표현한다.

3 사람들이 ㉡과 같이 생각한 까닭은 무엇인가요? ······ [　　]

① 자연의 경치를 즐기고 있어서　　② 크레타섬에서 탈출하고 있어서

③ 날개를 달고 하늘을 날아다녀서　④ 사람들에게 축복을 내려 주고 있어서

⑤ 온화한 표정으로 사람들을 보고 있어서

4 이카로스의 행동을 통해 얻을 수 있는 교훈은 무엇인가요? ─────────── [   ]

① 헛된 욕심을 부리지 말아야 한다.

② 부모님의 깊은 사랑을 깨달아야 한다.

③ 남의 잘못에 대해 좀 더 너그러워져야 한다.

④ 성공하기 위해서는 실패를 두려워하지 말아야 한다.

⑤ 눈앞의 이익 때문에 더 큰 이익을 놓치지 말아야 한다.

5 이 이야기를 읽고 적절하지 <u>않은</u> 말을 한 친구의 이름을 쓰세요. ─────── [   ]

> 준영: 다이달로스는 아들을 끝까지 지키지 못한 죄책감 때문에 힘들고 괴로울 거야.
>
> 미란: '날개'는 하늘을 날고 싶은 인간의 욕망과 한계를 보여 주는 소재인 것 같아.
>
> 기문: 신성한 인물들의 이야기이지만, 사실적이고 현실적인 내용으로 감동과 교훈을 주고 있어.
>
> 홍준: 이카로스는 결국 죽음을 맞이하면서 아버지의 말씀에 귀를 기울이지 않은 것을 후회했을 거야.

6 다음은 이 이야기를 흐름에 따라 요약한 것입니다. 빈칸에 알맞은 말을 써넣으세요.

> 다이달로스는 크레타섬을 탈출할 계획을 세우고 새의 ⁽¹⁾ [   ] (의)로 날개를 만들기 시작한다.

⬇

> 다이달로스는 이카로스에게 하늘을 날 때 너무 높이 올라가지 말 것을 경고하고 함께 섬을 탈출한다.

⬇

> 이카로스는 다이달로스의 경고를 귀담아듣지 않고 ⁽²⁾ [   ] 가까이 올라갔다가 ⁽³⁾ [   ] 이/가 떨어져 바다로 추락하고 만다.

⬇

> 다이달로스는 아들의 ⁽⁴⁾ [   ] 을/를 슬퍼하며 자신의 날개를 떼어 버린다.

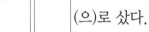

독해 적용

21회 가격은 어떻게 결정될까?

오늘은   월   일

독해가 뉘워지는 낱말

» 다음 뜻을 가진 낱말을 보기에서 찾아 빈칸에 알맞게 넣어 보세요.

1. 필요한 물건을 사기 위해 내야 하는 돈의 양.

보기
가격
대가

예 백화점에서 새 옷을 저렴한 ☐☐(으)로 샀다.

2. 어떤 상품 등을 일정한 가격으로 사려고 하는 욕구.

보기
수요
요구

예 황사가 불어오는 봄이 되자 마스크의 ☐☐이/가 급증하고 있다.

3. 요구나 필요에 따라 물품 따위를 제공함.

보기
주입
공급

예 홍수로 인하여 전선이 끊어져 전기 ☐☐이/가 어렵게 되었다.

독해가 뉘워지는 한마디

　　우리는 학용품을 사거나 간식을 사 먹는 등 일상생활에서 다양한 경제 활동을 하고 있어. 그런데 그 상품들의 가격은 과연 어떻게 결정되는 것일까? 상품의 가격이 어떻게 결정되는지 이 글을 읽으며 알아보자.

» 다음 글을 읽고 물음에 답하세요.

　　우리는 필요한 물건을 사기 위해서는 돈을 내야 합니다. 이때 내야 하는 돈의 양을 가격이라고 합니다. 그렇다면 상품의 가격은 어떻게 정해지는 것일까요? 물건을 만든 사람이 받고 싶은 ◆금액을 마음대로 정하는 것일까요? 아니면 물건을 살 사람이 내고 싶은 금액을 정해 주는 걸까요? 정답은 "모두 그렇지 않다."입니다. 상품의 가격은 바로 수요와 공급에 의해 결정됩니다.

　　⊙수요란 어떤 상품을 일정한 가격에 구입하고자 하는 것을 말합니다. 그리고 공급이란 어떤 상품을 일정한 가격에 팔려고 하는 것을 말합니다. 상품의 가격은 수요와 공급이 맞아떨어지는 지점에서 정해집니다. 그런데 여기서 수요와 공급이 맞아떨어진다는 것은 무슨 의미일까요?

　　수요와 공급은 늘어날 수도 있고 줄어들 수도 있습니다. 어떤 상품의 수요가 늘었다는 것은 그 상품을 사려는 사람들이 더 많아졌다는 뜻이고, 반대로 수요가 줄었다는 것은 그 상품을 사려는 사람들이 더 적어졌다는 뜻입니다. 또한, 공급이 늘어났다는 것은 판매할 물건이 시장에 더 많이 나왔다는 뜻이고, 공급이 줄어들었다는 것은 판매할 물건이 더 적어졌다는 뜻입니다. 상품을 사려는 사람과 이에 따라 판매할 물건의 수가 균형을 이루는 곳이 바로 수요와 공급이 맞아떨어지는 지점이 되는 것입니다.

　　배추로 예를 들어 보겠습니다. ⓒ배추를 사려는 사람들이 많아지게 되면 배추 가격이 오르고 그 반대의 경우에는 가격이 내리는 것처럼, 수요가 늘어나면 가격은 오르게 되고 수요가 줄어들면 가격은 떨어지게 됩니다. 또한 ◆흉년이 들어 배추 생산이 줄어들면 가격이 오르고, 그와는 반대로 ◆풍년이 들어 생산이 늘어나게 되면 배추 가격이 떨어지게 됩니다. 공급이 늘면 가격은 내리고 공급이 줄어들면 가격은 오르게 되는 것입니다.

◆ **금액** 돈의 액수.

◆ **흉년** 농작물이 예년에 비해 잘 자라지 못해 굶주리게 된 해.

◆ **풍년** 곡식이 잘 자라 평년보다 수확이 많은 해.

1 이 글에서 알 수 <u>없는</u> 것은 무엇인가요? ──────────── [   ]

① 수요와 공급의 의미

② 상품의 가격이 결정되는 까닭

③ 수요가 늘어나거나 줄어들면 일어나는 현상

④ 공급이 늘어나거나 줄어들면 일어나는 현상

⑤ 배추의 가격이 오르거나 떨어지면 일어나는 현상

2 이 글을 읽고 맞는 것은 'O'표, 틀린 것은 '×'표 하세요.

(1) 수요란 어떤 상품을 일정한 가격에 구입하고자 하는 것이다. ─────── [   ]

(2) 어떤 상품의 수요가 늘었다는 것은 그 상품을 사려는 사람들이 더 적어졌다는
뜻이다. ─────────────────────────────── [   ]

(3) 공급이 늘어났다는 것은 판매할 물건이 시장에 더 많이 나왔다는 뜻이다.
───────────────────────────────────── [   ]

(4) 풍년이 들어 배추 생산이 늘어나게 되면 배추 가격이 오르게 된다. ─── [   ]

3 다음 대화와 가장 관련 있는 설명은 무엇인가요? ──────── [   ]

> 농부: 올해 여름에는 수박이 많이 열렸어. 수박 풍년이야!
>
> 마트 직원: 수박 사 가세요! 수박이 아주 싸고 맛이 있어요!

① 수요가 늘어나면 가격이 오른다.

② 공급이 줄어들면 가격이 오른다.

③ 수요가 줄어들면 가격이 떨어진다.

④ 공급이 늘어나면 가격이 떨어진다.

⑤ 수요와 공급은 서로 영향을 미치지 않는다.

4 ㉠과 ㉡에 쓰인 설명 방식을 바르게 연결한 것은 무엇인가요? ⋯⋯⋯⋯⋯⋯ [   ]

㉠	㉡		㉠	㉡
① 예시 – 분석			② 예시 – 정의	
② 예시 – 분류			④ 정의 – 예시	
③ 정의 – 분석				

5 이 글의 내용으로 보아 가장 적절한 수요와 공급 그래프는 무엇인가요? ⋯⋯⋯⋯ [   ]

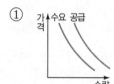

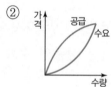

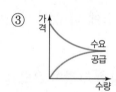

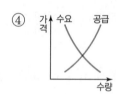

⑤ 가격 수요 공급 수량

6 보기의 낱말을 모두 사용하여 이 글의 주제문을 완성해 보세요.

보기

가격　　수요　　균형　　공급　　결정

주제문 ▶ _____

독해 적용

22회

냉장고의 두 얼굴

독해가
쉬워지는
낱말

» 다음 뜻을 가진 낱말을 보기 에서 찾아 빈칸에 알맞게 넣어 보세요.

1. 생물이 다른 생물 및 주위 환경과 서로 영향을 주고받으며 살아가는 세계.

보기
생태학
생태계

예 ☐☐☐ 이/가 파괴되면 그 위험성은 결국 인간에게 영향을 미치게 된다.

2. 농산물, 축산물, 수산물 따위를 인공적으로 처리하여 만든 식품.

보기
가공식품
자연식품

예 ☐☐☐☐ 은/는 보존과 조리가 간편하다.

3. 어떤 일이나 행동에서 나타나는 옳지 못한 현상 때문에 생기는 피해.

보기
폐해
단점

예 환경 오염의 ☐☐ 을/를 분명히 알고 대처해야 한다.

독해가
쉬워지는
한마디

　　냉장고에는 많은 음식을 장기간 보관할 수 있기 때문에 우리는 꼭 필요하지 않은 음식들을 많이 사서 냉장고에 쌓아 두게 돼. 또한, 냉장고에 오래 두고 먹는 음식들은 우리의 건강을 해칠 수도 있어. 냉장고의 부정적인 측면에 대해 알아보자.

» 다음 글을 읽고 물음에 답하세요.

냉장고는 현대 가정의 필수품이다. 요즘 사람들은 냉장고 없이 사는 것은 아예 상상도 해 보지 않았을 것이다. 그래서 냉장고로 인해 소중한 것들을 잃어 가며 살고 있다거나 일부 심각한 문제들이 발생하고 있다는 생각은 더더욱 하지 못한다. 여기서는 우리가 미처 생각하지 못했던 냉장고의 부정적인 측면에 대해 알아보자.

우선 냉장고가 있으면 언제 먹을지 모를 음식을 보관하기 위해 전기를 낭비하게 된다. 그러나 가장 심각한 손실은 인정을 잃는다는 데 있다. 냉장고가 없던 시절에는 식구가 먹고 남을 정도의 음식을 만들거나 얻게 되면 미련 없이 이웃과 나누어 먹었다. 그런데 냉장고가 생기면서 ㉠이웃과 나누어 먹던 풍습이 사라졌다. 냉장고에 음식을 넣어 두면 일주일이고 한 달이고 내 식구만 먹는 것이 가능해졌기 때문이다.

또한, 냉장고는 우리가 당장 소비할 필요가 없는 것들을 사게 한다. 그리하여 애꿎은 생명을 필요 이상으로 죽게 만들어서 생태계의 균형을 무너뜨린다. 대부분의 가정집 냉장고에는 양의 차이는 있지만, 쇠고기, 돼지고기, 생선 등 다양한 생명들이 냉동되어 있을 것이다. 이것을 전국적으로, 아니 전 세계적으로 따져 보면 엄청난 양이 될 것이다.

그런데 이러한 냉동실 보관 음식들은 전기를 잡아먹고 살다가 대부분 쓰레기통으로 들어가기 일쑤다. 이런 현상은 잘사는 나라뿐 아니라 먹을 음식이 넉넉하지 않은 가난한 나라에서도 일어나고 있다. 물고기를 잡아 시장에 내다 팔고 남은 것은 정답게 이웃과 나누어 먹던 소박한 사람들이, 저마다 자기 것을 챙겨 냉장고에 넣어 두고 혼자만 잘 먹고 잘살려는 ◆각박한 사람들로 변하고 있는 것이다.

게다가 냉장고 안에 오랫동안 넣고 먹는 음식들은 대부분 우리의 건강을 위협하는 것들이다. 한 연구 결과에 의하면, 냉장고 안에 주로 보관하는 고기와 가공식품을 먹는 여성은 그렇지 않은 여성보다 ◆결장암에 걸릴 위험이 1.5배나 높다고 한다. 그것은 음식을 가공할 때 각종 해로운 물질이 생성될 뿐 아니라 유해한 물질을 ◆흡착해 섬유질 같은 배설 ◆촉진 물질이 제거되기 때문이다.

이렇듯 냉장고는 우리의 삶과 환경을 위협하고 있다. 그렇다고 냉장고를 당장에 버리자는 것은 아니다. 다만 ㉡냉장고의 등장으로 생겨난 폐해를 인식하고, ㉢우리의 냉장고 사용 습관을 한 번쯤 되돌아보자는 것이다.

– 박정훈, 「환경의 역습」

◆ **각박** 인정이 없고 삭막함.

◆ **결장암** 결장(큰창자의 막창자와 곧창자 사이에 있는 부분)에 생긴 암.

◆ **흡착** 어떤 물질이 달라붙음.

◆ **촉진** 다그쳐 빨리 나아가게 함.

1 이 글은 무엇에 대한 글인가요? ································· [   ]

① 냉장고의 장단점

② 냉장고가 만든 새로운 풍습

③ 냉장고가 건강에 미치는 영향

④ 냉장고의 등장으로 생겨난 폐해

⑤ 냉장고를 효과적으로 사용하는 방법

2 이 글을 통해 글쓴이가 말하고자 하는 중심 생각은 무엇인가요? ············· [   ]

① 냉장고를 사용하지 말아야 한다.

② 냉장고의 나쁜 점을 널리 알려야 한다.

③ 냉장고 사용 습관을 되돌아보아야 한다.

④ 냉장고에 가공식품을 보관하지 말아야 한다.

⑤ 이웃과 음식을 나눠 먹는 따뜻한 인정을 지녀야 한다.

3 ㉠의 원인으로 글쓴이가 제시하고 있는 것은 무엇인가요? ············· [   ]

① 냉장고는 많은 전기를 낭비하게 만든다.

② 냉장고는 많은 음식을 오랫동안 보관하게 한다.

③ 냉장고는 많은 생명을 필요 이상으로 죽게 만든다.

④ 냉장고는 식구가 먹을 정도의 음식만을 만들게 한다.

⑤ 냉장고에 보관하는 음식들은 가공식품이 대부분이다.

4 ㉡에 해당하지 <u>않는</u> 것은 무엇인가요? ···················· [   ]

① 언제 먹을지 모를 음식을 보관하기 위해 전기를 낭비한다.

② 이웃과 음식을 나누어 먹던 풍습이 사라졌다.

③ 생태계의 균형을 무너뜨린다.

④ 가난한 사람들이 먹을 음식이 부족해진다.

⑤ 혼자만 잘 먹고 잘 살려는 각박한 사람들로 변하게 한다.

5 ⓒ을 바르게 실천하고 있지 <u>않은</u> 친구는 누구인가요? ────────── [   ]

① 영수: 귀찮기는 하지만, 당장 필요한 음식 재료만 조금씩 사고 있어.

② 재영: 우리 식구가 금방 먹을 만큼만 사서 냉장고에 음식을 오랫동안 보관하지 않으려고 노력하고 있어.

③ 경재: 가급적 가공식품은 사지 않으려고 해. 시간이 걸리더라도 건강을 위해서 음식을 조리해 먹고 있어.

④ 수진: 대형 할인점에서 할인할 때 한꺼번에 음식을 사 두는 편이 좋아. 시간도 절약할 수 있고 훨씬 경제적이거든.

⑤ 진철: 요리를 할 때는 먹을 만큼만 소량으로 요리하고 있어. 남은 음식이 없으면 냉장고를 사용할 일도 그만큼 적어지니까.

6 다음은 이 글을 표로 나타낸 것입니다. 빈칸에 알맞은 말을 써넣으세요.

냉장고의 등장으로 생겨난 폐해		
사회적 측면	**환경적 측면**	**개인적 측면**
• 냉장고가 생기면서 ⁽¹⁾ [ ]와/과 나누어 먹던 풍습이 사라졌다. • 저마다 혼자만 잘 먹고 잘살려는 ⁽²⁾ [ ]한 사람들로 변하고 있다.	• 냉장고에 많은 음식을 장기간 보관하기 위해 ⁽³⁾ [ ]을/를 낭비하게 된다. • 애꿎은 생명을 필요 이상으로 죽게 만들어서 ⁽⁴⁾ [ ]의 균형을 무너뜨린다.	냉장고에 주로 보관하는 고기와 가공식품이 우리의 ⁽⁵⁾ [ ]을/를 위협한다.

독해 적용

23회 해양 생태계 파괴의 주범, 플라스틱

**독해가
쉬워지는
낱말**

» 다음 뜻을 가진 낱말을 [보기] 에서 찾아 빈칸에 알맞게 넣어 보세요.

1. 상대편이 겁을 먹도록 무서운 말이나 행동으로 협박함.

[보기]
위협
위험

예 핵무기는 인류의 안전에 큰 [ ][ ] 이/가
되고 있다.

2. 여러 부분이 결합되어 이루어진 것을 그 낱낱으로 나눔.

[보기]
분해
분별

예 쓰레기는 재질에 따라 [ ][ ] 되는 시간이 다르다.

3. 분간하기 어려울 정도로 아주 작음.

[보기]
자세
미세

예 알약을 곱게 빻아 [ ][ ] 한 가루로 만들었다.

**독해가
쉬워지는
한마디**

플라스틱으로 인해 해양 생물이 고통 받는 모습이 전 세계에 알려지면서 플라스틱의 사용을 줄
이자는 움직임이 나타나고 있어. 플라스틱이 해양 생태계를 위협하는 까닭을 알려 주는 글을 읽고,
플라스틱 사용에 대해 생각해 보자.

» 다음 글을 읽고 물음에 답하세요.

진행자 최근 우리나라를 포함한 세계 각국에서 플라스틱 사용을 줄이자는 움직임이 일어나고 있습니다. 오늘은 해양 생태계 전문가를 모셔서 이와 관련된 이야기를 해 보고자 합니다. ○○○님, 안녕하세요?

전문가 안녕하세요?

진행자 최근 플라스틱 사용이 문제가 되는 까닭은 무엇일까요? 사실 플라스틱을 사용한 것이 어제오늘의 일만은 아닌데 말입니다.

전문가 얼마 전 태국의 해안가에서 사체로 발견된 돌고래의 뱃속에서 무게가 8킬로그램에 달하는 80여 개의 비닐봉지가 나온 일이 있었습니다. ⓐ　　　　콧구멍에 빨대가 낀 바다거북이 발견되는가 하면, 플라스틱을 먹고 죽어가는 바닷새가 연간 100만 마리에 ⓑ이릅니다. 이처럼 플라스틱이 전 세계의 해양 생태계를 파괴하고 있습니다.

진행자 심각한 일이군요. 그렇다면 왜 유독 플라스틱이 해양 생태계를 위협하고 있는지 구체적으로 말씀해 주시겠습니까?

전문가 먼저 플라스틱은 쉽게 분해되지 않고 바다에 떠다니기 때문입니다. 우리가 커피를 마실 때 쓰는 일회용 컵과 빨대는 단 몇 시간 만에 수십, 수백 개가 버려지지만, 그 플라스틱이 분해되는 데에는 500년 이상의 시간이 걸립니다. 이런 플라스틱이 바다 위에 떠 있다 해양 동물의 코나 입에 들어가 목숨을 앗아가는 것입니다.

또 다른 문제는 바로 ⓒ미세 플라스틱입니다. 바닷속 플라스틱은 파도나 바람 등에 의해 ♦마모되고 파손되어 작게 부서집니다. 특히 5밀리미터 이하의 미세 플라스틱은 폴리에틸렌, 나일론 등이 포함된 석유 화합물로 매우 ♦유독합니다. 이러한 미세 플라스틱이 해양 동물의 먹이가 되어 몸에 축적될 뿐 아니라 우리들의 식탁에까지 올라오고 있다는 것입니다.

진행자 네, 말씀 감사합니다. 플라스틱이 해양 생태계뿐만 아니라 우리의 삶까지도 위협하고 있는 것 같습니다. 우리 모두 생활 속에서 플라스틱의 사용을 줄이도록 노력해야겠습니다. 다음 시간에 찾아뵙겠습니다.

♦ **마모** 마찰 부분이 닳아서 없어짐.

♦ **유독** 독성이 있음.

1 이 글에서 주장하고 있는 것은 무엇인가요? —————————————— [   ]

① 일회용품을 사지 말자.

② 멸종 위기의 해양 동물을 보호하자.

③ 커피 전문점에서 일회용 컵을 쓰지 말자.

④ 플라스틱의 사용을 금지하는 법을 만들자.

⑤ 플라스틱의 사용을 줄여 해양 생태계를 보호하자.

2 ㉠에 들어갈 알맞은 말은 무엇인가요? —————————————————— [   ]

① 또한   ② 그러나

③ 왜냐하면   ④ 그러므로

⑤ 예를 들어

3 ㉡과 같은 의미로 쓰인 것은 무엇인가요? ————————————————— [   ]

① 아직 안심하기에는 <u>이르다</u>.

② 그의 키는 190센치미터에 <u>이르렀다</u>.

③ <u>이르면</u> 내일 새벽쯤 도착할 것 같습니다.

④ 아침 <u>이른</u> 시간부터 널 보니 기분이 참 좋구나.

⑤ 아이들에게 바닥에 떨어진 유리를 주의하라고 <u>이르다</u>.

4 ㉢에 대한 설명으로 옳지 <u>않은</u> 내용은 무엇인가요? ———————————— [   ]

① 플라스틱이 파도와 바람에 의해 마모되고 파손된 것이다.

② 약 5밀리미터 이하의 잘게 부서진 플라스틱을 의미한다.

③ 폴리에틸렌이나 나일론 등이 포함된 석유 화합물이다.

④ 해양 동물의 먹이가 되어 몸에 축적된다.

⑤ 미세 플라스틱은 인간에게는 큰 영향을 미치지 않는다.

5 이 글을 읽고 <u>잘못</u> 이해한 친구는 누구인가요? ━━━━━━━━━━━━━━━ [　　]

① 용훈: 플라스틱은 쉽게 분해되지 않아.

② 현준: 플라스틱 제품을 만드는 것을 금지해야 해.

③ 민수: 플라스틱 사용을 줄이기 위해 각자가 노력해야 해.

④ 희주: 플라스틱 일회용 컵보다는 개인 머그 컵을 사용해야겠어.

⑤ 혜정: 플라스틱의 사용을 줄이면 해양 생태계를 보호하는 데에 도움이 돼.

6 다음은 이 글을 요약한 것입니다. 빈칸에 알맞은 말을 써넣으세요.

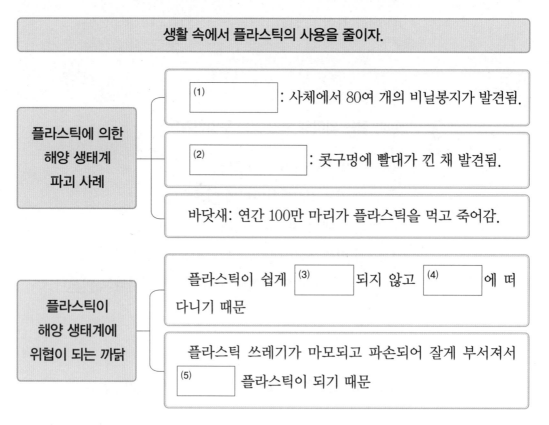

생활 속에서 플라스틱의 사용을 줄이자.

플라스틱에 의한 해양 생태계 파괴 사례

(1) ＿＿＿＿＿ : 사체에서 80여 개의 비닐봉지가 발견됨.

(2) ＿＿＿＿＿ : 콧구멍에 빨대가 낀 채 발견됨.

바닷새: 연간 100만 마리가 플라스틱을 먹고 죽어감.

플라스틱이 해양 생태계에 위협이 되는 까닭

플라스틱이 쉽게 (3) ＿＿＿＿ 되지 않고 (4) ＿＿＿＿ 에 떠다니기 때문

플라스틱 쓰레기가 마모되고 파손되어 잘게 부서져서 (5) ＿＿＿＿ 플라스틱이 되기 때문

노 키즈 존이 필요한가?

독해가
쉬워지는
낱말

» 다음 뜻을 가진 낱말을 **보기** 에서 찾아 빈칸에 알맞게 넣어 보세요.

1. 어느 곳을 드나듦.

보기

여행

출입

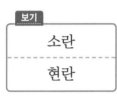 외부인의 ☐☐ 을/를 금지한다.

2. 시끄럽고 어수선함.

보기

소란

현란

예 학생들은 교실에서 한창 ☐☐ 을/를
떨고 있었다.

3. 힘이나 세력이 약한 사람이나 생물. 또는 그런 집단.

보기

약자

강자

예 사회적으로 ☐☐ 을/를 보호하기 위한
대책이 마련되어야 한다.

독해가
쉬워지는
한마디

　　음식점이나 카페 출입구에 붙여진 '어린이 출입 금지'라는 안내문을 보면 어떤 생각이 드니? 최
근 늘어나고 있는 '노 키즈 존'이 과연 필요한지 다시 생각해 보자고 주장하는 글을 읽으며 노 키즈
존으로 인해 발생하는 문제점을 생각해 보자.

» 다음 글을 읽고 물음에 답하세요.

최근 어린이와 함께 온 손님을 받지 않겠다는 이른바, ㉠'노 키즈 존(No Kids Zone)'이 생기고 있습니다. 음식점이나 카페 주인들은 아이들이 가게 안에서 소란을 피워 다른 손님들에게 피해를 준다는 까닭으로 노 키즈 존에 찬성하는 입장입니다. 그러나 노 키즈 존이 과연 정당한지는 생각해 보아야 할 문제입니다.

노 키즈 존은 어린이와 함께 온 손님들의 ◆자유권을 침해하는 것입니다. 특정인을 대상으로 하지 않는 일반 가게는 누구나 출입할 권리가 있습니다. 그런데 ㉡어린이라는 까닭만으로 또는 어린이와 함께 왔다는 까닭으로 출입을 막는 것은 기본적인 국민의 권리를 침해하는 것입니다.

또한, 노 키즈 존은 ◆불특정 어린이를 문제가 될 수 있는 사람으로 규정지어 버립니다. 노 키즈 존에 찬성하는 사람들은 어린이들은 시끄러워서 다른 사람들에게 피해를 줄 수 있다고 생각합니다. 그러나 ㉢일부 어린이가 소란을 일으킨다고 해서 모든 어린이를 문제의 시선으로 바라보는 것은 바람직하지 않습니다.

게다가 어린이는 우리가 보호하고 배려해야 하는 사회적 약자입니다. 여럿이 함께하는 공간에서 바르게 행동한다면 좋겠지만, 어린이는 아직 미성숙한 존재입니다. 오랫동안 참을 수 있는 자제력과 무엇이 옳고 그른지 판단하는 능력이 어른들에 비해 아직 부족한 게 당연합니다. 따라서 ㉣이들이 옳고 그름을 깨닫고 스스로 행동을 자제할 수 있도록 사회 구성원들이 배려하고 도와주어야 합니다.

어린이들이 불편을 일으킬 수 있다는 까닭으로 사회적 영역을 구분 짓는 것은 오히려 더 큰 ◆분열을 만들 수 있습니다. 따라서 ㉤노 키즈 존을 만드는 것은 정당한 사회 현상이라 할 수 없습니다. 노 키즈 존으로 어린이의 출입을 금지하고 이용을 제한하기보다는 좀 더 나은 해결 방법이 없는지 고민해 볼 때입니다.

◆ **자유권** 국가에 의하여 자유를 제한받지 아니하는 권리. 신앙·학문·언론·직업 선택·주거 이전의 자유 등이 있음.

◆ **불특정** 특별히 정하지 않은 것.

◆ **분열** 집단이나 단체, 사상이 갈라져 나뉨.

1 이 글이 주장하고 있는 것은 무엇인가요? ──────────────── [　　]

① 어린이와 어른의 사회적 영역을 구분해야 한다.

② 노 키즈 존으로 어린이와 어른을 차별하지 말자.

③ 노 키즈 존으로 어린이의 자유권을 침해하지 말자.

④ 노 키즈 존으로 어린이를 보호하고 배려해야 한다.

⑤ 노 키즈 존을 만드는 것은 정당하지 못한 사회 현상이다.

2 ㉠~㉤을 주장과 근거로 바르게 나눈 것은 무엇인가요? ──────── [　　]

주장		근거
① ㉠	–	㉡, ㉢, ㉣
② ㉠	–	㉡, ㉣, ㉤
③ ㉡	–	㉠, ㉢, ㉣
④ ㉤	–	㉠, ㉡, ㉢
⑤ ㉤	–	㉡, ㉢, ㉣

3 이 글에서 주장을 뒷받침하기 위한 근거를 제시할 때 사용한 방법은 무엇인가요?

──────────────────────────────── [　　]

① 노 키즈 존에 대한 사전적 정의를 인용했다.

② 노 키즈 존에 대한 다른 사람의 말을 인용했다.

③ 노 키즈 존으로 인해 발생하는 문제점을 자세히 설명했다.

④ 노 키즈 존에 대한 시민들의 찬성과 반대 비율을 제시했다.

⑤ 노 키즈 존을 실시하고 있는 업체 수를 통계 자료로 제시했다.

4 이 글의 내용으로 알맞지 <u>않은</u> 것은 무엇인가요? ────────────── [   ]

① 어린이와 함께 온 손님의 출입을 금지하는 곳이 생기고 있다.

② 음식점이나 카페 주인들은 노 키즈 존에 찬성하는 입장이다.

③ 노 키즈 존은 어린이와 함께 온 손님들의 자유권을 침해하는 것이다.

④ 일부 소란스러운 아이들 때문에 다른 사람들이 피해를 받을 수 있다.

⑤ 모든 어린이는 성숙한 존재로, 자신의 행동을 쉽게 통제할 수 있다.

5 글쓴이와 <u>다른</u> 관점을 가진 친구는 누구인가요? ────────────── [   ]

① 민석: 사회적 약자인 어린이를 보호하고 배려해 줄 필요가 있어.

② 영애: 어린이를 동반한 손님들의 출입을 막는 건 자유권 침해야.

③ 정열: 다른 손님이 불편할까 봐 어린이의 출입을 금지하는 건 너무해.

④ 희정: 우리 식당에 온 다른 손님들을 위해서라도 노 키즈 존은 필요해.

⑤ 현준: 모든 어린이를 다른 사람들에게 피해를 주는 문제아로 생각하는 건 잘못
이야.

6 다음은 이 글을 요약한 것입니다. 빈칸에 알맞은 말을 써넣으세요.

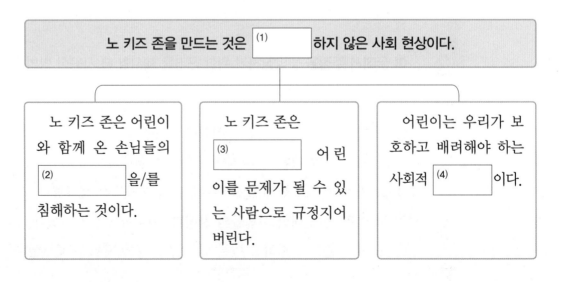

노 키즈 존을 만드는 것은 ⁽¹⁾[   ] 하지 않은 사회 현상이다.

| 노 키즈 존은 어린이와 함께 온 손님들의 ⁽²⁾[   ]을/를 침해하는 것이다. | 노 키즈 존은 ⁽³⁾[   ] 어린이를 문제가 될 수 있는 사람으로 규정지어 버린다. | 어린이는 우리가 보호하고 배려해야 하는 사회적 ⁽⁴⁾[   ]이다. |

25회

독해 적용

홀로 빙그레 _ 김동극

독해가
쉬워지는
낱말

» 다음 뜻을 가진 낱말을 보기 에서 찾아 빈칸에 알맞게 넣어 보세요.

1. 입을 약간 벌려 소리 없이 부드럽게 웃는 모양.

보기
빙그레
시무룩

예 아기가 아장아장 걸어오는 모습을 보며 아버지는

☐☐☐ 웃으셨다.

2. 서리가 땅바닥이나 풀포기 등의 위에 엉기어 성에처럼 된 모양.

보기
서릿발
설레발

예 추운 겨울, 땅이 얼면서 ☐☐☐ 이/가
생겼다.

3. 다친 살이 찌르듯이 아픔.

보기
아물다
아리다

예 책장을 넘기다 종이에 베어 손이 ☐☐☐ .

독해가
쉬워지는
한마디

　　　시골에 혼자 계신 할머니, 할아버지를 떠올려 봐. 멀리 떨어져 있어도 자식과 손주를 사랑하는 마음에 홀로 웃음 짓는 할머니, 할아버지의 마음이 느껴지는 시를 함께 읽어 보자.

» 다음 시를 읽고 물음에 답하세요.

홀로 빙그레

김동극

서릿발 ◆삼동에
부엌일 하시는
◆환갑 지난 할머니.

골골이 피가 맺혀
손이 아려도,

◆썩은새 연기로
눈물이 흘러도,

앞치마로 닦으시며

홀로 빙그레

대구에
아들이 살고
손주가 큰다는……

◆ **삼동** ① 겨울의 석 달. 동삼(冬三). ② 세 해의 겨울.

◆ **환갑** 61세를 일컫는 말.

◆ **썩은새** 오래되어 썩은 이엉(초가집의 지붕·담을 이기 위하여 짚이나 새 따위로 엮은 물건).

1 이 시의 시간적 배경을 알 수 있는 시어는 무엇인가요? ────────────── [　　]

① 서릿발 삼동　　　② 부엌일　　　③ 썩은새　　　④ 눈물　　　⑤ 대구

2 이 시의 공간적 배경을 알 수 있는 시어는 무엇인가요? ────────────── [　　]

① 서릿발 삼동　　　② 부엌일　　　③ 썩은새　　　④ 눈물　　　⑤ 대구

3 이 시에 대한 설명으로 적절하지 <u>않은</u> 것은 무엇인가요? (정답 2개) ───── [　　,　　]

① 1연에서 할머니의 나이를 짐작해 볼 수 있다.

② 2~3연에서 할머니의 삶이 고되다는 것을 알 수 있다.

③ 3연에서 할머니의 눈물은 아들을 떠나보낸 슬픔을 나타낸다.

④ 4~5연에서 부엌일에 대한 할머니의 만족감을 느낄 수 있다.

⑤ 6연에서 할머니가 웃은 까닭을 짐작할 수 있다.

4 다음은 지학이가 이 시의 할머니께 쓴 편지입니다. <u>잘못된</u> 부분은 어디인가요?

[　　]

> 할머니, 안녕하세요. 저는 김지학이라고 합니다.
>
> 국어 시간에 「홀로 빙그레」라는 시를 읽고 할머니께 편지를 쓰게 되었습니다.
>
> ①할머니께서 아들, 손주가 대구에 살고 있어 떨어져 지내고 계시지만 힘을 내어 열심히 살고 계신 것을 보며 ②자식들에 대한 사랑을 느낄 수 있었습니다. ③할머니의 상황을 보니 매번 찾아뵐 때마다 저를 반갑게 맞아 주시던 저희 할머니가 떠오릅니다. ④한편으로는 집이 낡아 고생하시는 모습을 보며 마음이 아프기도 했습니다. ⑤할머니께서 지내시는 곳이 몹시 더운 것 같습니다. 더위에 지치지 않고 건강하게 생활하시기를 바라며…….
>
> 이만 줄이겠습니다.

어머니

하순희

늦도록
밤 늦도록
바느질을 하신다.

여섯 남매
꿈을 꾸는
바늘귀에 실로 꿰어

밤새 내
손을 놀리신다.
여섯 빛깔 색실로.

꼬박 밤 새우신 일
자다가 깬
나는 알지.

도마질
소리 듣고
부엌으로 들어서면

함박꽃
꽃빛 미소로
덥석 끌어안으신다.

5 「어머니」의 내용으로 알맞지 <u>않은</u> 것은 무엇인가요? .... [   ]

① '어머니'는 밤 늦도록 바느질을 하신다.

② 여섯 남매의 꿈은 여섯 빛깔 색실로 고운 옷을 만드는 것이다.

③ 자다 깨어난 '나'는 '어머니'가 밤새 바느질을 하셨음을 알고 있다.

④ '어머니'는 바느질뿐만 아니라 부엌일도 하신다.

⑤ '어머니'는 부엌에 들어온 '나'를 따뜻하게 안아주셨다.

6 두 편의 시에서 공통으로 나타나는 주제는 무엇인가요? .... [   ]

① 부녀 사이의 갈등과 해결

② 홀로 사는 노인이 겪는 경제적 어려움

③ 집안일이 갖는 노동의 가치에 대한 평가

④ 부모의 희생을 가볍게 여기는 젊은이들에 대한 비판

⑤ 자식을 위해 희생하고, 자식을 사랑하는 부모의 마음

독해 적용

26회

경기장 위의 신사, 스포츠맨십

독해가
쉬워지는
낱말

» 다음 뜻을 가진 낱말을 보기 에서 찾아 빈칸에 알맞게 넣어 보세요.

1. 공평하고 올바름.

보기

공정

정직

예 뉴스는 사건을 ☐☐ 하게 보도해야 한다.

2. 납득하여 따름.

보기

승복

인정

예 그 선수는 심판의 판정에 ☐☐ 하지 않았다.

3. 같은 목적에 대하여 이기거나 앞서려고 서로 겨룸.

보기

경쟁

승부

예 1위 자리를 놓고 그들은 서로 ☐☐ 하고 있다.

독해가
쉬워지는
한마디

　　사회가 잘 유지되기 위해서 법과 도덕을 지키는 것은 필수야. 마찬가지로 운동 경기를 할 때 꼭 필요한 것이 바로 스포츠맨십이지. 스포츠맨십의 의미와 진정한 스포츠맨십의 사례를 알려 주는 글을 읽어 보자.

» 다음 글을 읽고 물음에 답하세요.

우리는 야구나 축구 등 운동 경기를 할 때 스포츠맨십을 가지고 정정당당하게 경기에 임해야 한다고 말합니다. 여기서 스포츠맨십이란 운동선수가 지녀야 하는 바람직한 정신 자세를 가리킵니다. 훌륭한 스포츠맨십을 가진 선수는 공정하고 정직하게 승부를 겨루며, 상대 선수에게 예의를 지키는 것은 물론 승패를 떠나 결과에 승복합니다. 우리는 전 세계 선수들이 메달을 놓고 경쟁하는 올림픽과 같은 큰 경기에서 진정한 스포츠맨십이 무엇인지 알 수 있는 장면들을 만날 수 있습니다.

1988년 서울 올림픽에서 열린 요트 경기에 캐나다의 로렌스 르뮤 선수가 출전하였습니다. 캐나다가 2위로 달리며 결승선을 향해 갈 때, 강풍으로 높은 파도가 일며 싱가포르 요트가 뒤집혔습니다. 이를 본 로렌스 르뮤 선수는 망설이지 않고 바로 물에 뛰어들어 싱가포르 선수들을 구조했습니다. 결국 캐나다는 22위로 결승선에 들어와 메달을 따지 못했습니다. 그렇지만 메달보다 상대 선수의 생명을 더 소중하게 생각한 로렌스 선수의 스포츠맨십은 전 세계에 감동을 주었습니다.

2018년 평창 올림픽에서는 스피드 스케이트 경기가 끝난 후, ㉠2위로 들어온 우리나라 선수와 1위를 차지한 일본 선수가 서로 끌어안으며 울음을 터트렸습니다. 두 선수는 금메달이라는 같은 목표로 치열한 경쟁을 펼쳤습니다. 하지만 메달을 따기 위한 고된 훈련과 노력을 누구보다도 잘 알고 있었기 때문에 경기가 끝난 후 서로를 안으며 축하와 위로의 말을 건넸던 것입니다. 그들의 포옹과 눈물은 전 세계인에게 승패를 떠난 스포츠맨십이 무엇인지를 보여 주었습니다.

그러나 우리는 가끔 스포츠맨십이 사라진 경기를 보기도 합니다. 더 좋은 성적을 내려고 금지 약물을 먹어 메달을 ㉡박탈당하기도 하고, 유리한 조에 들어가기 위해 승부를 조작하기도 합니다. 운동선수로서 지켜야 할 스포츠맨십보다 승리에 대한 개인의 욕심을 더 중요시한 것입니다.

운동 경기는 승리를 목표로 하지만 승리하는 것만이 최선은 아닙니다. 승부에 집착하는 것보다 스포츠맨십을 가지고 열심히 경기에 임했을 때 그 승리가 의미가 있고, 진정한 승자가 될 수 있습니다.

1 이 글에서 주로 다루고 있는 대상은 무엇인가요? ────────── [   ]

① 올림픽　　　　　　　　　② 운동선수

③ 운동 경기　　　　　　　　④ 승부 조작

⑤ 스포츠맨십

2 이 글에서 다루고 있지 <u>않은</u> 내용은 무엇인가요? ────────── [   ]

① 스포츠맨십의 의미　　　　　② 스포츠맨십의 기원

③ 진정한 스포츠맨십의 사례　　④ 스포츠맨십이 무너진 사례

⑤ 진정한 스포츠맨십을 갖춘 선수의 행동

3 ㉠의 까닭으로 적절하지 <u>않은</u> 것은 무엇인가요? ────────── [   ]

① 경기에 이기지 못해 슬펐기 때문이다.

② 서로에게 축하와 위로를 해 주고 싶었기 때문이다.

③ 승패보다 스포츠맨십을 더 중요하게 생각했기 때문이다.

④ 이겨야 할 경쟁자임과 동시에 훌륭한 동료였기 때문이다.

⑤ 서로의 고생과 노력을 누구보다 잘 알고 있었기 때문이다.

4 ㉡ 대신에 쓸 수 있는 가장 적절한 말은 무엇인가요? ────────── [   ]

① 취소하기도　　　　　　　② 빼앗기기도

③ 훔쳐가기도　　　　　　　④ 다시 받기도

⑤ 잃어버리기도

5 다음은 이 글을 읽은 지훈이의 느낀 점입니다. 지훈이와 <u>다른</u> 관점을 가진 친구는 누구인가요? [   ]

지훈

> 스포츠맨십이 무엇인지 잘 알았으니 앞으로는 운동 경기에 참여할 때 스포츠맨십을 갖춘 진정한 승자가 되기 위해 노력해야겠어.

① 민정: 비록 승부에서 졌지만, 승자를 축하해 줘야겠어.

② 영범: 오늘 최선을 다해 경기에 임했으니 그걸로 만족해.

③ 병주: 내가 비록 실력은 부족하지만, 경기 규칙을 잘 지켰어.

④ 승준: 내가 이겼을 경기인데, 심판의 잘못된 판정으로 졌으니 인정할 수 없어.

⑤ 은혜: 나는 상대 선수를 존중한다는 의미로 경기를 시작할 때 상대 선수에게 인사를 해.

6 다음은 이 글을 문단별로 요약한 것입니다. 빈칸에 알맞은 말을 써넣으세요.

1문단	(1)[ ] (이)란 스포츠맨이 지녀야 하는 바람직한 정신 자세로, 공정하고 정직한 승부, 상대 선수에 대한 예의, 결과에 대한 승복을 의미한다.
2문단	진정한 스포츠맨십의 사례 1: 1988년 서울 올림픽에서 열린 (2)[ ] 경기
3문단	진정한 스포츠맨십의 사례 2: 2018년 평창 올림픽에서 열린 스피드 스케이트 경기
4문단	금지 약물을 먹거나, 승부를 (3)[ ] 하는 등 가끔 스포츠맨십이 사라진 경우를 볼 수 있다.
5문단	스포츠맨십을 가지고 열심히 경기에 임했을 때 그 승리가 의미가 있고 진정한 (4)[ ] 이/가 될 수 있다.

독해 적용
27회

우리도 세금을 내고 있다고?

독해가 쉬워지는 낱말

» 다음 뜻을 가진 낱말을 보기에서 찾아 빈칸에 알맞게 넣어 보세요.

1. 국가 또는 지방 공공 단체가 필요한 경비로 사용하기 위해서 국민으로부터 거두어들이는 돈.

보기
성금
세금

예 ☐☐ 은/는 정부가 국가를 운영하기 위해 꼭 필요한 돈이다.

2. 세금을 내야 하는 의무가 있는 사람과 실제로 그 세금을 내는 사람이 일치하는 세금.

보기
직접세
소득세

예 재산세는 세금을 내야 하는 개인이 직접 부담하는 ☐☐☐ 이다.

3. 세금을 내야 하는 의무가 있는 사람과 실제로 그 세금을 내는 사람이 다른 세금.

보기
상속세
간접세

예 우리가 사는 모든 물건 가격에는 ☐☐☐ 이/가 포함되어 있다.

독해가 쉬워지는 한마디

　　세금은 국가를 유지하고 국민 생활의 발전을 위해 국민들의 소득 일부분을 국가에 납부하는 돈이야. 세금은 그것을 어떻게 납부하느냐에 따라서 직접세와 간접세로 나눌 수 있어. 세금에 대해서 알아보자.

» 다음 글을 읽고 물음에 답하세요.

밥을 먹기 위해 들어간 식당에서 메뉴판을 보면, '음식 가격에는 ♦부가 가치세가 포함되어 있습니다.'라는 문구를 볼 수 있을 것이다. '부가 가치세'란 무엇일까? 바로 세금 중 하나이다. 세금은 국가나 지방 자치 단체가 국민에게 걷는 돈이다. 우리는 세금이 어른들만 내는 것으로 생각하기 쉽지만, 학생이든 어른이든 모두 세금을 내고 있다. 세금에 대해 좀 더 자세히 알아보자.

㉠세금은 납부하는 방식에 따라 직접세와 간접세로 나눌 수 있다. 직접세는 세금을 내야 하는 개인이나 기업이 직접 납부하는 세금을 말한다. 대표적인 예로는 소득세, 재산세, ♦상속세 등이 있다.

직접세는 소득이나 재산에 따라 ♦누진적으로 적용되는 경우가 많다. 소득이 많은 사람은 세금을 많이 내고 소득이 적은 사람은 적게 내는 식이다. 그렇기 때문에 직접세는 소득 격차를 줄이고 소득을 재분배하는 효과가 있다. 그러나 직접세를 걷는 입장에서는 모든 사람의 소득이나 재산을 일일이 조사하여 그에 따라 세금을 거두어야 하는 번거로움이 있다.

㉡간접세는 실제로 세금을 부담하는 사람과 그 세금을 내는 사람이 다른 세금이다. 우리는 물건을 살 때마다 세금을 내고 있지만, 세금을 내기 위해 직접 세무서로 가지는 않는다. 대신 물건을 판 기업이나 가게 주인이 낸다. 이처럼 간접세는 물건이나 서비스에 매겨지는 세금으로, 부가 가치세나 ♦개별 소비세가 대표적이다.

간접세는 소득이나 재산에 상관없이 모두에게 똑같이 적용된다. 동일한 음료수를 사 마시는 경우라면 소득이 많든 적든 똑같은 세금을 내고 있는 셈이다. 그렇기 때문에 간접세를 걷는 입장에서는 편리하게 세금을 걷을 수 있다. 하지만 간접세는 소득이 적은 사람에게는 소득에 비해 내야 할 세금의 비율이 높아져 세금에 대한 부담감이 커진다.

직접세든 간접세든 우리는 모두 세금을 내고 있다. 실제로 우리가 늘 구입하는 책이나 학용품을 사고 난 뒤 받은 영수증을 살펴보면 물건 값에 부가 가치세가 포함되어 있는 것을 확인할 수 있다. 이처럼 세금은 우리의 생활과 밀접한 관련을 맺고 있다. 세금을 내고 있는 국민의 한 사람으로서 세금에 관해 관심을 가져 보는 것은 어떨까.

– 조준현, 『10대를 위한 재미있는 경제 특강』

♦ **부가 가치세** 물건이나 서비스의 생산 및 유통 과정 각 단계에서 발생하는 이익을 대상으로 부과하는 세금. 부가세.

♦ **누진적** 수치 등이 올라감에 따라 상대적으로 그에 대한 비율이 점점 높아지는. 또는 그런 것.

♦ **상속세** 자신과 친족 관계에 있는 사람의 사망으로 인하여 무상으로 받게 된 재산에 대해 부과하는 세금.

♦ **개별 소비세** 사치성이 높은 물품의 소비를 억제하고 세금의 부담을 공정하게 하기 위하여 매기는 세금.

1 이 글에서 주로 다루고 있는 대상은 무엇인가요? ———————— [　　]

① 세금의 기능　　　　　　② 세금의 필요성

③ 세금의 종류와 특성　　　④ 세금을 납부하는 방법

⑤ 세금과 우리 생활의 관련성

2 ㉠과 같은 방식으로 설명하고 있는 것은 무엇인가요? ———————— [　　]

① 문학은 진실하고 가치 있는 삶을 언어로 표현한 예술이다.

② 침입 경보 페로몬을 사용하는 개미를 예로 들면 아스텍 개미가 있다.

③ 자전거는 안장, 손잡이, 체인, 앞바퀴, 뒷바퀴 등으로 이루어져 있다.

④ 서양 악기는 소리 내는 방식에 따라서 현악기, 관악기, 타악기로 나뉜다.

⑤ 인간은 시각과 청각을 이용하여 의사소통을 하지만, 동물은 주로 후각을 이용한다.

3 ㉡에 대한 설명으로 알맞지 <u>않은</u> 것은 무엇인가요? ———————— [　　]

① 실제로 세금을 부담하는 사람과 그 세금을 내는 사람이 다르다.

② 소득이나 재산에 따라 누진적으로 적용된다.

③ 물건이나 서비스에 매겨지는 세금이다.

④ 동일한 물건을 사면 누구나 같은 액수의 세금을 내게 된다.

⑤ 세금을 걷는 입장에서는 편리하게 세금을 걷을 수 있다.

4 이 글의 내용과 일치하지 <u>않는</u> 것은 무엇인가요? ———————— [　　]

① 개인뿐만 아니라 기업도 세금을 낸다.

② 세금으로 소득 격차를 줄일 수도 있다.

③ 물건의 가격에는 세금이 포함되어 있다.

④ 직접세는 소득이나 재산에 상관없이 모두에게 똑같이 적용된다.

⑤ 돈을 벌지 않는 어린이도 물건을 구입할 경우 세금을 낸다.

5 이 글의 내용을 바탕으로 하여 세금의 종류에 따라 선으로 바르게 연결해 보세요.

- ㄱ. 소득세

(1) 직접세 •
- ㄴ. 개별 소비세

- ㄷ. 상속세

(2) 간접세 •
- ㄹ. 재산세

- ㅁ. 부가 가치세

6 다음은 이 글을 정리한 것입니다. 빈칸에 알맞은 말을 써넣으세요.

세금

직접세	간접세
• 세금을 내야 하는 개인이나 기업이 ⑴ ☐ 납부하는 세금	• 세금을 부담하는 사람과 그 세금을 내는 사람이 ⑷ ☐ 세금
• 소득이나 재산에 따라 ⑵ ☐ (으)로 적용됨.	• 소득이나 재산에 상관없이 모두에게 ⑸ ☐ 적용됨.
• 소득 ⑶ ☐ 을/를 줄이고 소득을 재분배하는 효과가 있음.	• 소득이 적은 사람에게는 소득에 비해 내야 할 세금의 비율이 높아짐.
• 세금을 걷는 입장에서는 번거로움이 있음.	• 세금을 걷는 입장에서는 편리하게 세금을 걷을 수 있음.

독해 적용

28회

우주의 떠돌이 우주 쓰레기

독해가
쉬워지는
낱말

» 다음 뜻을 가진 낱말을 [보기]에서 찾아 빈칸에 알맞게 넣어 보세요.

1. 지구, 화성, 금성 등 행성의 둘레를 도는 천체.

[보기]

위성

유성

예 우리별 2호는 국내에서 제작한 인공 ☐☐이다.

2. 알려지지 않은 사물이나 사실 등을 샅샅이 더듬어 조사함.

[보기]

발견

탐사

예 깊은 바다를 ☐☐하기 위해
잠수함이 출발했다.

3. 서로 맞부딪치거나 맞섬.

[보기]

충돌

충격

예 집 앞 도로에서 버스와 승용차가 정면으로
☐☐했다.

독해가
쉬워지는
한마디

　　우주에도 쓰레기가 있다는 것, 알고 있니? 우주 쓰레기는 인간이 우주에 버린 모든 것을 의미해. 우리 주변에 쓰레기가 있으면 생활이 불편해지듯이 우주도 마찬가지야. 우주 쓰레기가 문제가 되는 까닭은 무엇이고 그 해결 방법은 무엇인지 알아보자.

독해력을 올리는
지문 듣기

QR코드를 찍어서 지문을 들어 보세요.

» **다음 글을 읽고 물음에 답하세요.**

우주에도 쓰레기가 있다는 것을 알고 있나요? 우주 쓰레기란 인간이 우주 공간에 버린 모든 것을 의미합니다. 인간이 우주에 진출하게 되면서 우주 공간에는 다양한 쓰레기가 버려지게 되었습니다. ㉠우주 쓰레기에는 수명을 다해 더는 작동하지 않는 인공위성이나 우주 정거장의 잔해, 우주 비행사가 사용하다가 손에서 놓친 각종 드라이버, 나사와 같은 공구, 로켓이 발사되며 분리되어 날아간 추진체 등이 있습니다.

문제는 우주 쓰레기가 우주 탐사에 심각한 장애물이 된다는 것입니다. 우주 쓰레기는 우주 공간을 빠른 속도로 떠돌고 있어서 우주를 탐사하기 위해 발사한 인공위성이나 우주 정거장과 충돌하면 큰 충격을 받아 파괴되거나 손상될 수 있습니다. 하나의 인공위성을 우주에 쏘아 올리는 데는 많은 시간과 비용이 듭니다. 그런데 우주 쓰레기로 인해 사용하지 못한다면 ㉡그동안의 노력이 하루아침에 물거품이 되는 것입니다. 넘쳐나는 우주 쓰레기가 인공위성 간의 통신에 방해를 주어 우주 탐사를 어렵게 하기도 합니다. 우주 개발 전문가들은 우주 쓰레기가 서로 충돌하면서 더 많은 우주 쓰레기가 생겨날 것이고, 결국 인공위성을 사용하지 못하여 우주를 탐사할 수 없을지도 모른다는 걱정을 합니다.

우주 쓰레기가 지구에 추락하게 되면 큰 피해를 입을 수 있다는 점도 문제가 됩니다. 우주 공간을 떠돌던 우주 쓰레기가 지구로 추락하는 경우도 있는데, 언제, 어느 위치에 떨어질지 예측하는 것은 매우 어려운 일입니다. 2018년 4월에 지구로 추락한 중국의 우주 정거장 ◆톈궁 1호의 경우 다행히 바다에 추락하여 큰 피해는 없었지만, 만약 사람들이 지나다니고 있는 길 위로 떨어졌다면 끔찍한 일이 생겼을지도 모릅니다.

우주 쓰레기로 더러워진 우주 공간을 청소하고, 우주 쓰레기를 줄이기 위해 여러 나라가 다양한 방법을 연구하고 있습니다. 로봇이나 그물 등을 이용하여 버려진 우주 쓰레기를 수거하거나 인공위성을 설계할 때부터 쓰레기가 나오지 않도록 하는 것이 그 예가 될 수 있습니다.

우주 공간에 버려진 쓰레기를 치우지 않으면 문제가 생길 것입니다. 우주 공간에 버려진 우주 쓰레기를 청소하고, 우주 쓰레기를 줄이는 방법을 개발하기 위한 많은 노력이 필요합니다.

◆ **톈궁 1호** 2011년 발사된 중국의 실험용 우주 정거장.

1 이 글에서 다루고 있는 주된 내용은 무엇인가요? ———————————— [   ]

① 우주 탐사의 필요성   ② 우주 쓰레기의 의미
③ 우주 쓰레기의 재활용 방법   ④ 우주 쓰레기의 문제점과 해결 방안
⑤ 인공위성이 우리 삶에 미치는 영향

2 ㉠에서 사용된 설명 방식을 바르게 말한 친구는 누구인가요? ———————— [   ]

① 가람: 정의의 방식으로 우주 쓰레기의 의미를 설명하고 있어.
② 영범: 대조의 방식으로 우주 쓰레기들의 차이점을 설명하고 있어.
③ 성훈: 분석의 방식으로 우주 쓰레기의 발생 원인을 설명하고 있어.
④ 미선: 예시의 방식으로 우주 쓰레기의 다양한 예들을 보여 주고 있어.
⑤ 규택: 분류의 방식으로 우주 쓰레기를 일정한 기준에 따라 나누고 있어.

3 우주 쓰레기가 <u>아닌</u> 것은 무엇인가요? (정답 2개) ———————— [,   ]

① 수명을 다한 인공위성
② 현재 사용되고 있는 우주 정거장
③ 소행성끼리 충돌하여 생긴 암석 조각
④ 우주 비행사가 기계를 수리하다가 놓친 드라이버
⑤ 로켓 발사 후 분리되어 우주를 떠돌아다니는 추진체

4 이 글의 내용으로 알맞지 <u>않은</u> 것은 무엇인가요? ———————— [   ]

① 인공위성이나 우주 정거장을 발사하는 데는 많은 시간과 비용이 든다.
② 우주 쓰레기는 인공위성 간의 통신에 방해를 주기도 한다.
③ 우주 쓰레기가 지구로 추락하는 시간과 장소를 알 수 있다.
④ 우주 쓰레기가 지구로 추락한 경우도 있다.
⑤ 우주 쓰레기로 더러워진 우주 공간을 청소하기 위해 여러 나라에서 다양한 방법
   을 연구하고 있다.

5 ⓒ과 비슷한 의미의 속담으로 가장 적절한 것은 무엇인가요? ──────────── [   ]

① 첫술에 배부르랴.　　　　　　② 공든 탑이 무너지랴.

③ 바늘 가는 데 실 간다.　　　　④ 다 된 죽에 코 빠뜨린다.

⑤ 하늘을 보아야 별을 따지.

6 다음은 이 글을 요약한 것입니다. 빈칸에 알맞은 말을 써넣으세요.

1문단	(1)[ ](이)란 인간이 우주에 버린 모든 것을 의미한다.
2문단	우주 쓰레기의 문제점1: 우주 쓰레기는 우주 탐사에 심각한 (2)[ ]이/가 된다.
3문단	우주 쓰레기의 문제점2: 우주 쓰레기가 지구에 (3)[ ]하게 되면 큰 피해를 입을 수 있다.
4문단	우주 쓰레기로 더러워진 우주 공간을 (4)[ ]하고, 우주 쓰레기를 줄이기 위해 여러 나라가 다양한 방법을 연구하고 있다.
5문단	우주 쓰레기 문제를 해결하기 위해 많은 노력이 필요하다.

독해 적용
29회

고릴라는 휴대 전화를 미워해

**독해가
쉬워지는
낱말**

» 다음 뜻을 가진 낱말을 **보기** 에서 찾아 빈칸에 알맞게 넣어 보세요.

1. 풀, 나무, 광석 따위를 찾아 베거나 캐거나 하여 얻어 냄.

> **보기**
> 갈취
> 채취

예 그는 일 년 동안 금을 열심히 ☐☐ 했다.

2. 집, 토지, 삼림 따위를 거두지 않고 그냥 두어 거칠고 못 쓰게 됨. 또는 그렇게 만듦.

> **보기**
> 황폐화
> 초토화

예 무분별한 개발로 농촌이 ☐☐☐ 되었다.

3. 생물 따위가 일정한 곳에 자리를 잡고 사는 곳.

> **보기**
> 거주지
> 서식지

예 그곳은 황새의 ☐☐☐ (으)로
보호되고 있다.

**독해가
쉬워지는
한마디**

　　콜탄이라는 광물을 통해서 얻을 수 있는 탄탈룸이라는 금속 분말은 고온에 잘 견디는 성질이 있어서 휴대 전화의 원료로 널리 쓰이고 있어. 그런데 엄청난 양의 콜탄이 묻혀 있다는 '카후지-비에가 국립 공원'은 고릴라의 마지막 서식지이기도 해. 다음 글을 읽으며 휴대 전화와 고릴라의 관계에 대해서 생각해 보자.

» **다음 글을 읽고 물음에 답하세요.**

지금 당신이 쓰고 있는 휴대 전화는 몇 살이나 되었는가? 아직 멀쩡한 휴대 전화를 놔두고 최신형 휴대 전화를 사기 위해 기웃거리고 있지는 않은가? 이제는 우리에게 생활 필수품이 되어 버린 휴대 전화에는 검은 대륙에서 벌어지고 있는 슬픈 사연이 담겨 있다. 아프리카 중부에 위치한 콩고는 콜탄이 많이 생산되는 나라이다. 콜탄은 주석보다 싼 회색 모래 정도의 취급을 받았는데, 몇 년 전부터는 금이나 다이아몬드만큼 귀한 대접을 받고 있다. ㉠왜 그럴까?

콜탄을 ◆정련하면 나오는 금속 분말 '탄탈룸'은 휴대 전화를 만들 때 없어서는 안 되는 중요한 재료이다. 콜탄은 휴대 전화뿐만 아니라 노트북과 제트 엔진, 광섬유 등의 원료로도 널리 쓰이고 있다. 그 결과 전 세계 첨단 기기 시장에서 탄탈룸의 수요가 급증했고, 불과 몇 달 만에 콜탄 가격이 20배나 오르는 일이 벌어지기도 했다.

그런데 ㉡세계 자연 유산 가운데 하나인 '카후지-비에가 국립 공원'에 엄청난 양의 콜탄이 묻혀 있다는 소식이 알려지자, 수많은 사람들이 콜탄을 채취하기 위해서 몰려들기 시작했다. 광부들은 에코 나무의 껍질을 벗기고 줄기에 홈통을 만든 뒤, 이것을 이용하여 진흙에서 콜탄을 골라내고 있다. 두 개의 휴화산으로 둘러싸여 장관을 이루던 공원의 숲은 이 작업 때문에 황폐화되었다.

또한 카후지-비에가 국립 공원은 지구상에 남아 있는 고릴라의 마지막 서식지이다. 콜탄을 채취하기 위해 모인 수만 명의 사람들은 먹을 것을 구하기 위해 야생 동물들을 마구잡이로 사냥했다. 그나마 얼마 남지 않은 고릴라들은 사람을 피해 도망 다니는 처량한 신세가 되었다. 하지만 돈을 버는 데만 혈안이 된 ◆중개상과 다국적 기업들은 공원이 얼마나 파괴되었는지, 고릴라들이 어떻게 죽어 가고 있는지에 대해서는 아무런 관심도 기울이지 않고 있다.

우리가 휴대 전화를 오랫동안 소중하게 쓰는 일은 단지 통신비를 아끼고 물자를 절약하는 차원에서 그치는 것이 아니다. 지구 반대편에서 살아가는 소중한 생명을 보호하는 거룩한 일이다.

– 박경화, 「고릴라는 핸드폰을 미워해」

◆ **정련** 광석 등의 원료에 들어 있는 금속을 뽑아내어 불순물을 걸러 없애는 일.

◆ **중개상** 다른 사람의 의뢰를 받고 상행위를 대리 또는 매개함으로써 이에 대한 수수료를 받는 상인.

1 이 글을 쓴 목적은 무엇인가요? ──────────────── [　　]

① 콜탄의 중요한 기능을 소개하기 위해

② 휴대 전화 사용 방법을 알려 주기 위해

③ 휴대 전화와 관련된 자신의 체험을 전하기 위해

④ 휴대 전화를 오랫동안 소중하게 쓰자고 설득하기 위해

⑤ 아프리카에서 벌어지는 비극적인 일에 대한 느낌을 말하기 위해

2 이 글의 제목에 담긴 의미는 무엇인가요? ──────────── [　　]

① 농부들이 농사짓던 땅을 버리고 광산으로 모여들고 있다.

② 중개상과 다국적 기업들 때문에 콜탄 광산이 무분별하게 개발되고 있다.

③ 잘못된 휴대 전화 소비 문화로 인해 아프리카 원주민들이 혹사당하고 있다.

④ 카후지 – 비에가 국립 공원을 보호하기 위해 고릴라의 서식지를 축소하고 있다.

⑤ 휴대 전화의 재료인 콜탄 채취를 위해 몰려든 사람들로 인해 고릴라가 죽어 가고 있다.

3 ㉠에 대한 대답으로 가장 적절한 것은 무엇인가요? ──────── [　　]

① 콜탄이 희귀한 광물이기 때문이다.

② 첨단 기기 시장에서 콜탄의 수요가 급증했기 때문이다.

③ 콜탄은 아프리카 중부에서만 채취할 수 있기 때문이다.

④ 숙련된 기술을 가진 사람들만 콜탄을 채취할 수 있기 때문이다.

⑤ 콜탄을 통해 아프리카 원주민들을 경제적으로 도울 수 있기 때문이다.

4 ㉡ 때문에 생기는 부작용은 무엇인가요? ──────────── [　　]

① 첨단 제품의 발달 속도가 늦어지고 있다.

② 금이나 다이아몬드의 가격이 떨어지고 있다.

③ 광산의 노동자들이 더 많은 세금을 내고 있다.

④ 최신 휴대 전화의 제품 가격이 점점 오르고 있다.

⑤ 카후지–비에가 국립 공원의 야생 동물들 수가 줄어들고 있다.

5 이 글의 글쓴이의 관점과 가장 비슷한 관점을 가진 친구는 누구인가요? ·········· [   ]

① 영수: 자원을 개발하는 과정에서 부작용이 생기는 것은 어쩔 수 없는 일인 것 같아.

② 수진: 휴대 전화는 환경을 파괴하는 주범이야. 휴대 전화 사용을 바로 금지해야 돼.

③ 경재: 콜탄의 수요가 줄어 콜탄 가격이 하락하면 광산 인부들의 생활이 더 어려워지지 않을까?

④ 진철: 각종 개발로 인해 소중한 것이 사라지고 있어. 후손에게 아름다운 자연을 물려주는 것이 우리가 할 일이야.

⑤ 재영: 콜탄을 대신할 다른 새로운 물질을 개발하면 되지 않을까? 요즘 시대에 낡은 휴대 전화를 계속 쓰라는 것은 실천하기 힘든 일이야.

6 다음은 이 글을 정리한 것입니다. 빈칸에 알맞은 말을 써넣으세요.

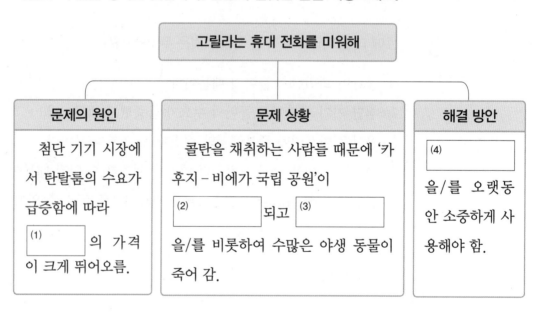

고릴라는 휴대 전화를 미워해		
문제의 원인	**문제 상황**	**해결 방안**
첨단 기기 시장에서 탄탈룸의 수요가 급증함에 따라 (1)[ ] 의 가격이 크게 뛰어오름.	콜탄을 채취하는 사람들 때문에 '카후지 - 비에가 국립 공원'이 (2)[ ] 되고 (3)[ ] 을/를 비롯하여 수많은 야생 동물이 죽어 감.	(4)[ ] 을/를 오랫동안 소중하게 사용해야 함.

독해 적용
30회

장 발장 _ 빅토르 위고

독해가
쉬워지는
낱말

» 다음 뜻을 가진 낱말을 **보기**에서 찾아 빈칸에 알맞게 넣어 보세요.

1. 돈이나 곡식, 물건 따위를 거저 달라고 빎.

보기

구걸

부탁

예 그는 음식을 ☐☐ 하러 온 거지를

인정사정없이 내쫓았다.

2. 어떤 사물이나 사실을 실제와 다르게 지각하거나 생각함.

보기

오해

착각

예 꿈에서 본 사람을 실제로 만난 것 같은

☐☐ 이/가 들었다.

3. 갈피를 잡을 수 없이 뒤섞여 어수선함.

보기

착잡

당황

예 그와 헤어질 생각을 하니 마음이 ☐☐ 했다.

독해가
쉬워지는
한마디

장 발장은 빵 한 조각을 훔친 죄로 잡혀가 19년간 옥살이를 했어. 그런데 장 발장이 출소한 뒤에도 자베르 형사는 또다시 그를 체포하기 위해 안간힘을 쓰며 쫓아다녔어. 코제트와의 행복을 놓치고 싶지 않은 장 발장에게 어떤 일이 일어나는지 이야기를 읽어 보자.

» 다음 이야기를 읽고 물음에 답하세요.

장 발장이 늘 다니는 성당 앞에는 늙은 거지가 한 명 있었다. 그 거지는 전에 성당에서 ◆수위로 일을 하다 그만둔 뒤 구걸을 해서 먹고산다고 했다.

장 발장은 성당 앞을 지날 때마다 늘 그에게 돈을 쥐여 주었다. 그리고 가끔 이야기를 주고받기도 했다.

그러던 어느 날 밤이었다.

장 발장은 다른 날과 마찬가지로 코제트와 함께 성당으로 향했다. 성당 앞에는 여전히 늙은 거지가 고개를 숙인 채 앉아 있었다.

그는 다가가 거지의 손에 돈을 쥐여 주었다. 그때 돈을 받은 거지가 고개를 들어 장 발장의 얼굴을 한 번 쳐다보고는 얼른 고개를 숙였다.

그 순간 장 발장은 깜짝 놀랐다. 그는 분명 장 발장이 알고 있던 그 늙은 거지가 아니었다. 그는 이름만 들어도 가슴이 철렁 내려앉는 자베르 형사였다. 하지만 장 발장은 ◆태연한 척 가던 길을 갔다.

어떻게 자베르 형사가 이곳까지 오게 되었는지는 알 수 없었지만, 장 발장은 그가 분명히 무언가를 알게 된 것이라고 생각했다.

성당에 가서 기도를 드리고 집으로 돌아온 ㉠장 발장은 밤새 잠을 이루지 못했다.

또다시 자베르에게 붙들려 감옥으로 가게 된다면 정말 큰일이었다. 코제트를 돌볼 사람이 없음은 물론이고, 이번에 감옥에 들어가면 목숨을 건질 수 없을 것이 분명했다.

밤새 고민을 한 장 발장은 다음 날 용기를 내어 다시 거지가 있던 자리로 갔다. 조심조심 다가가 살펴보니 거지는 여전히 그곳에 앉아 있었다. 거지는 장 발장을 보자 반갑게 맞아 주었다.

장 발장은 어제는 자기가 착각한 것이라 생각하고 안심했다.

그런데 그로부터 며칠이 지난 밤이었다.

장 발장이 코제트에게 글을 가르치고 있는데 갑자기 대문이 '스르르' 열렸다 닫히는 소리가 들렸다. 그는 코제트에게 조용히 하라는 신호를 보낸 뒤 문 쪽으로 귀를 기울였다. 누군가가 계단을 오르는 소리가 들렸다. 분명 남자의 발소리였다. 그는 촛불을 끈 뒤 꼼짝도 하지 않고 숨을 죽였다.

잠시 후 발소리가 멀어져 갔다.

장 발장은 살그머니 문 앞으로 가서 열쇠 구멍으로 밖을 내다보았다.

도둑고양이처럼 계단을 내려가는 사람 뒷모습은 바로 자베르였다.

"코제트. 우린 이곳을 떠나야 한다."

"왜요?"

"무서운 테나르디에 아저씨가 널 잡으러 올 거야. 어서 가자."

장 발장은 가지고 있는 짐을 대충 꾸린 뒤, 코제트를 데리고 밖으로 나왔다.

그는 코제트의 손을 잡고 재빠르게 달려가 가로수 밑의 어둠 속으로 숨었다. 가로수 밑을 따라 걷다가 작은 골목길로 들어섰다.

왼쪽으로 가다가 다시 오른쪽으로, 그러고는 다시 그 옆길로 가면서 장 발장은 계속 뒤를 돌아다보았다. 다행히 뒤따르는 사람은 없는 것 같았다.

보름달이 환하게 뜬 밤이었다. 장 발장은 담장 그늘을 따라 걸었고, 코제트는 말없이 장 발장의 손을 잡고 따라 걸었다.

복잡한 골목길을 걷는 장 발장의 마음은 초조하고 착잡했다. 외롭게만 살아온 두 사람이 이제 조금 행복해지려는 순간, 다시 쫓기는 신세가 된 것이었다.

– 빅토르 위고/신윤덕 엮음, 「장 발장」

◆ **수위** 관청, 학교, 공장, 회사 따위의 경비를 맡아봄. 또는 그런 일을 맡은 사람.

◆ **태연한** 마땅히 머뭇거리거나 두려워할 상황에서 태도나 기색이 아무렇지도 않은 듯이 예사로운.

1 이 이야기의 가장 주된 등장인물은 누구인가요? ⸻⸻ [   ]

① 자베르   ② 코제트   ③ 장 발장   ④ 늙은 거지   ⑤ 성당 수위

2 이 이야기의 나온 공간적 배경인 <u>아닌</u> 곳은 어디인가요? ⸻⸻ [   ]

① 성당 앞   ② 성당   ③ 장 발장의 집   ④ 가로수 밑   ⑤ 감옥

3 ㉠의 까닭으로 가장 적절한 것은 무엇인가요? ⸻⸻ [   ]

① 코제트와 앞으로 함께 할 시간이 기대되어서

② 코제트가 걱정하는 모습을 보고 위로해 주고 싶어서

③ 성당 앞 거리에서 본 거지가 자베르 형사인 것 같아서

④ 거지에게 더 많은 돈을 쥐여 주지 못한 것이 미안해서

⑤ 앞으로 감옥에 다시 가게 될 걱정을 하지 않아도 되어서

4 빈칸에 들어갈 말로 적절하지 <u>않은</u> 것은 무엇인가요? ———————————————— [　　　]

> 현정
>
> 장 발장은 자베르 형사가 자신을 찾아오자 코제트와 재빠르게 도망쳤어. 왜냐하면 _____

① 자베르 형사에게 잡히게 될까 봐 두려웠기 때문이야.

② 자베르 형사에게 잡히면 코제트를 돌볼 수 없기 때문이야.

③ 다시 감옥에 가게 된다면 목숨을 건질 수 없을 것 같았기 때문이야.

④ 코제트에게 보름달이 환하게 뜬 아름다운 밤을 보여 주고 싶었기 때문이야.

⑤ 코제트와의 행복한 시간을 빼앗기고 싶지 않았기 때문이야.

5 이 이야기의 사건에 따라 '장 발장'의 감정 변화를 정리할 때, (가)~(다)에 들어갈 말을 알맞게 짝지은 것은 무엇인가요? ———————————————— [　　　]

사건	성당 앞에서 구걸하는 거지가 자베르 형사임을 발견함.	다음날, 예전의 거지가 평소처럼 앉아 있음을 확인함.	며칠 뒤, 자베르 형사가 집을 찾아옴.
감정	(가)	(나)	(다)

	(가)		(나)		(다)
①	깜짝 놀람	–	안심함	–	초조함
②	깜짝 놀람	–	안심함	–	아쉬움
③	깜짝 놀람	–	놀라움	–	아쉬움
④	어리둥절함	–	놀라움	–	초조함
⑤	어리둥절함	–	걱정함	–	불안함

6 이 이야기를 읽은 뒤에 반응으로 적절하지 <u>않은</u> 것은 무엇인가요? ———————————————— [　　　]

① 영민: 코제트를 아끼는 장 발장의 마음이 잘 나타나 있어.

② 우주: 상황에 따른 장 발장의 심리 변화가 매우 잘 나타나 있어.

③ 은애: 구걸하는 거지를 도와주는 모습을 보고 장 발장의 성격을 알 수 있었어.

④ 민수: 자베르 형사가 다시 찾아온 날, 나도 장 발장처럼 숨이 막히는 듯 했어.

⑤ 승호: 자베르 형사가 장 발장을 자주 찾아오는 걸 보니 둘은 매우 친한 사이 같아.

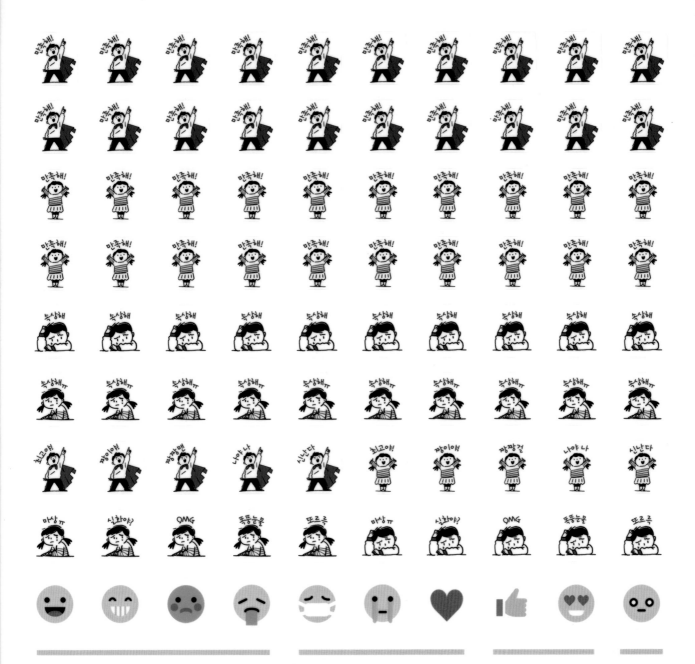

·자신감 스티커·

글이 보인다!
자신감 상승!

독해력 자신감을 풀 때마다 '독해 일지'에 스티커를 붙여 학습 만족도를 확인하세요.

어어 만점! NICE 벌써 끝? ㅋ ㄴ(°0°)ㄱ YOLO ^으쓱으쓱^

이거 실화냐 Love myself ㅋ 👀

ㅋ

물음표로 **생각의 크기를** 키우고, **고전으로 인문학을** 배운다!

물음표로 따라가는
인문고전

전 20권 완간

글 **박진형 외** | 그림 **이현주 외** | 각 권 값 **11,000~13,500원**

박씨전 / 흥부전 / 운영전 / 허생전 / 심청전 / 토끼전 / 홍길동전 / 금오신화 / 구운몽 / 춘향전 / 장화홍련전
최척전 / 이춘풍전 / 홍계월전 / 한중록 / 전우치전 / 삼국유사 / 바리데기 / 사씨남정기 / 임진록

2017 올해의 청소년 교양도서
대한출판문화협회 한국출판문화산업진흥원 선정

2018, 2020 북토큰 선정도서

2018, 2019 아침독서 추천도서

한국어린이 교육문화연구원 으뜸책

물음표, 생각의 크기를 키우다

배경지식이 쌓이고 생각이 자라납니다.

고전과 인문학의 다리를 놓다

고전으로 토론하고, 다른 작품을 함께 살펴봐요.
생각의 폭이 넓어집니다.

지학사아르볼

초등 국어

6단계

독해력 자신감

지학사

정답과 해설

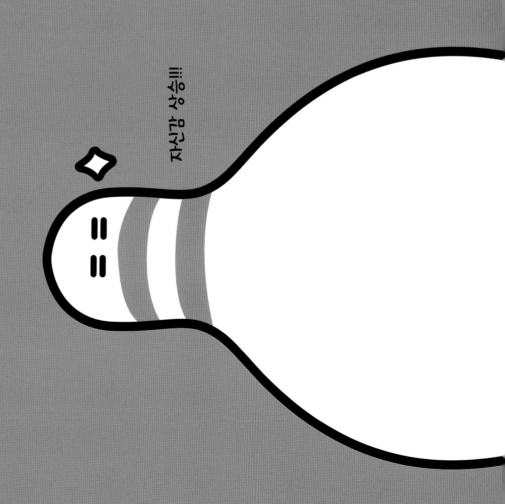

자신감 상승!!!

독해 기술 1회 · 글의 종류별로 주제 파악하기

10~11쪽

01 ④	02 ④
03 ③	04 ④

01 1문단에서 글쓴이는 '저출산 현상의 원인에 대하여 발표하고자 한다.'라고 밝히고 있으며, 이어지는 2~3문단에서는 저출산 현상의 원인을 두 가지로 나열하여 설명하고 있습니다. 따라서 이 글의 주제로는 ④가 적절합니다.

02 2문단에서 여성의 경제 활동이 증가하면서 부부 모두가 일을 하며 아이를 돌보는 것에 대한 부담이 커졌음을 설명하고 있기 때문에 ④는 이 글과 맞지 않는 설명입니다.

03 1문단 마지막에 문제 제기를 하고, 마지막 문단에서 ③과 같은 해결 방안을 제시하고 있으므로 ③이 이 글의 주제라고 볼 수 있습니다.

04 이 글은 여러 가지 문제를 제시하고 원인을 분석하는 것이 아니라 체육 시간에 발생하는 싸움의 원인인 '학생들 간의 실력 차이' 때문이라고 말하며 이를 극복하는 방안을 제시하는 글입니다.

독해 기술 2회 · 글의 다양성과 신뢰성 판단하기

14~15쪽

01 ①	02 ④
03 ④	04 ⑤

01 이 글은 '투표를 해야 한다.'고 주장하는 논설문으로, 가 문단에 주장이 드러나 있습니다.

02 '투표를 해야 한다.'는 글쓴이의 주장과 달리, 다 문단에서는 투표를 하지 않아도 괜찮으니 휴일을 알차게 보내라고 제안하고 있습니다. 따라서 주장을 적절히 뒷받침하지 못하는 근거입니다.

03 이 글은 전교 어린이 회장 후보자의 '선거 공약'입니다.

04 ㉢은 초등학생인 글쓴이가 '1,000명의 학생 모두에게 자신의 용돈으로 간식을 사 주겠다.'는 다소 과장된 공약이 포함되어 있으므로 신뢰성이 떨어진다고 볼 수 있습니다.

독해 기술 3회 · 글의 내용 추론하기

17~19쪽

01 ①	02 ⑤
04 ②	05 ③
03 ④	

01 이 글은 '연역 추론'의 과정으로 전개되고 있습니다. 즉, 옳다고 전제된 사실(물건을 공중에서 놓으면 중력에 의해 바닥으로 떨어진다. 지우개는 물건이다.)이 있다면, 다른 사실(지우개를 공중에서 놓으면 바닥으로 떨어진다.)도 옳다고 할 수 있습니다. 즉, '지우개도 물건이다.'라는 전제가 성립되어야 합니다.

02 이 글은 비슷한 성질을 가진 두 개의 대상(쥐와 인간)이 있을 때 한 대상(쥐)이 가진 특징을 다른 대상(인간)도 가질 것이라 추론하는 '유비 추론'의 방식으로 전개되고 있습니다.

03 '유비 추론'의 방식에 따라 쥐와 인간은 유사한 대상이므로 (라)에서는 (다)와 유사하게 인간 포함 '담배를 피우게 되면 중독되어 끊기 위해 금단 현상을 견뎌야 한다.'고 정리해야 합니다.

04 이 글은 다이아몬드와 감자 칩의 사례를 들고, 두 사례에서 발견되는 공통점을 통해 하나의 법칙, '생산되는 양이 많다고 하더라도 사고 싶은 사람이 많아지면 그 가격은 오른다.'라는 것을 이끌어 내는 '귀납 추론'의 방식으로 전개되고 있습니다.

05

독해 기술 6회 이야기의 구조 알기

30~31쪽

01 아주 먼 옛날   02 ③   03 ④

01 이 이야기의 시간적 배경은 '아주 먼 옛날'로 발단 단계에 해당하는데 가 문단에 제시되어 있습니다.

02 아프리카 사람들이 노래로 풀려가게 된 과정과 그 과정에서 등장인물들이 날개를 펼치는 이야기입니다. 본격적으로 날개를 찾아야만 했다는 이야기이므로, 나는 절정이 아니라 '전개' 단계입니다.

03 나에서 "방에서 혼자 괴로워하고 있는 베아트리체가 를 봤다는 거야."라는 대사는 베아트리체 씨가 자신에게 느낀 원망의 표현이 아니라, 비가 쏟아지던 밤에 그림을 그리다 폐렴에 걸려 고통스러워하는 모습을 나타낸 것입니다.

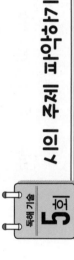

독해 기술 5회 시의 주제 파악하기

26~27쪽

01 ①, ④   02 ②
03 ①   04 ⑤

01 이 시는 동무들과 함께 뛰놀던 언덕을 떠올리며 고향을 그리워하는 말하는 이의 마음이 잘 나타나 있습니다.

02 이후 문장에서 주제가 드러나는 행은 ㉠과 ㉢이며, 이 시의 주제는 '동무들과 뛰놀던 고향에 대한 그리움'입니다.

03 이 시는 말을 '돈'에 비유하여, 저축할 수 있는 대상으로 표현하였습니다.
오답풀이 | ② 시에 사용된 주된 소재는 '말'입니다.
③ 말을 돈에 비유한 것일 뿐, 실제 은행에서 벌어지는 사건을 묘사한 것은 아닙니다.
④ 말을 지혜롭게 사용하면 '듬뿍 남겨지는 지혜'를 얻을 수 있다고 하였습니다.
⑤ 말하는 이는 말을 아껴 쓰는 것을 긍정적으로 바라보고 있습니다.

04 이 시는 '섣부르게 말을 내뱉기 전에, 꼭 필요한 상황에서 현명하게 말을 할 것'을 말하는 시로, ⑤와 같은 사람들에게 들려주기에 적절하다 볼 수 있습니다.

독해 기술 4회 글의 내용 요약하기

22~23쪽

01 ③   02 ⑤
03 ④   04 ②

01 이 글의 중심 내용을 보여 주는 낱말은 '영양소'입니다.

02 ㉠ 이후 문장에서 세 가지 영양소의 특징을 나열하고 있으므로, ㉠에는 이를 포괄할 수 있는 문장이 들어가야 합니다. 즉, 가 문단의 중심 내용인 '건강한 삶을 살기 위해 우리 몸에 필요한 세 가지의 영양소가 있다.'는 문장이 들어가는 것이 가장 적절합니다.

03 글의 중심 낱말은 글에 자주 등장하고 글의 내용을 이끌어 가는 낱말입니다. 이 글의 중심이 되는 낱말은 '무단 횡단'입니다.

04 ㉡은 나 문단의 중심 내용이 들어가야 합니다.
나 문단의 중심 내용은 '상황에 따라 다른 무단 횡단 벌과금의 금액'입니다. 따라서 잘못 이해한 친구는 '태리'입니다.

쉿, 북촌 한옥 마을

33쪽

1 북촌   2 관광객
3 대책

34~36쪽

1 ④   2 ②   3 ③   4 ①   5 ②
6 (1) 거부 (2) 쓰레기 (3) 관광 허용 (4) 정숙 관광

[가] ①좋류의 잇동네라 해서 이름 붙여진 북촌, 그중에서도 ②아름다운 돗담과 기와집이 웅기 중기 모여 있는 북촌 한옥 마을은 서울에서도 관광객들이 많이 찾는 곳이다. 그런데 최근 이곳에 관광객 방문을 거부한다는 현수막이 붙었다. **북촌 한옥 마을에서 관광객이 ①천덕 꾸러기가 되어버린 까닭은 무엇일까?** } → 북촌 한옥 마을의 관광객 거부

[나] 조사에 따르면 하루 평균 약 1만여 명의 관광객이 북촌 한옥 마을을 찾는다고 한다. 이 중 70퍼센트는 외국인 관광객으로, 한국적인 멋과 아름다운 풍경을 사진으로 남기려고 이곳을 방문한다. 하지만 정작 지역 주민들은 이런 관광객들 때문에 일상생활에 많은 불편을 겪고 있다고 한다. } → 관광객들로 인한 주민들의 불편 발생

[다] ③지역 주민들은 사생활 침해가 가장 심각하다고 한다. 관광 시간이 따로 정해져 있지 않아 밤낮을 가리지 않고 관광객들이 몰려든다는 것이다. 사람이 사는 개인 주택에 불쑥 들어오거나 허락 없이 사진 촬영을 하는 일도 허다하고, ④일부 구성구성 관광객들의 버리는 쓰레기가 가득하다고 한다. 또 담배꽁초와 같은 쓰레기가 배수구를 막아 악취를 발생 } → 주민들이 생활 불편의 예

[라] ⑤최근 서울특별시에서는 이런 주민들의 불편을 해결하기 위해 **'관광 허용 시간'을 발표** 하였다. 아침과 저녁에는 관광객의 방문을 제한한다는 것이다. 관광 해 설사를 통해 이 캠페인 내용을 알리고 있다. 또한, 관광객 밀집 지역에 '정숙 관광'이란 안내판을 설치하는 노력을 기울이고 있다. 그러나 이런 대책으로는 불구하고 마을 주민들이 겪는 불편은 여 전히 해결되지 않고 있다. } → 서울시와 관광 구청의 대책과 마을의 결과

[마] ⑥서울특별시와 관광 구청은 지역 주민의 주거 환경을 보호할 수 있는 좀 더 근본적인 대 책을 마련해야 한다. 관광객 또한 지역 주민을 배려하는 관광 에티켓을 지켜야 한다. **북촌 한옥 마을을 찾는 관광객과 주민들이 갈등을 해결할 확실한 대책 마련이 시급하다.** } → 갈등을 해결할 확실한 대책 마련이 필요함.

북촌 한옥 마을에서의 관광객과 지역 주민 사이의 갈등을 해결할 확실한 대책 마련이 시급하다.

---

1 이 글은 관광 명소로 소문난 북촌 한옥 마을을 찾는 관광객과 지역 주민들이 갈등을 겪고 있다는 사실을 문제 삼아 그 원인과 대책 마련의 필요성을 이야기하는 글입니다. 따라서 '북촌 한옥 마을을 찾는 관광객과 주민들의 갈등'이 중심 내용입니다.

2 가와 나 문단을 통해 북촌 한옥 마을은 하루 평균 1만여 명의 관광객이 찾을 정도로 유명한 관광 명소임을 확인할 수 있습니다. 따라서 '북촌 한옥 마을을 찾는 관광객의 발길이 끊겨서가 아니라, 너무 많은 관광객이 북촌 한옥 마을을 찾으면서 지역 주민과의 갈등을 빚는 것이 문제입니다.
오답풀이 ①, ③, ④, ⑤는 글의 초록색 부분에서 확인할 수 있습니다.

3 다 문단에서는 지역 주민들이 겪는 문제에 대해 설명하고 있습니다. 심각한 사생활 침해뿐만 아니라, 관광객들이 버린 쓰레기와 그로 인해 발생하는 악취와 같은 문제들을 예로 들었습니다.

4 천덕꾸러기란, '남에게 천대를 받는 사람이나 물건'이란 뜻으로, 이 글에서는 관광을 목적으로 북촌 한옥 마을을 찾는 관광객들이 지역 주민들에게 환영받지 못하고 방문을 거부당하며 처지에 놓여 있음을 나타내는 말로 사용되었습니다. 따라서 '미움받는 대상'이 알맞습니다.

5 이 글에서는 북촌 한옥 마을에 거주하는 주민들이 심각한 불편을 겪고 있으며, 이를 해결하기 위한 대책 마련을 해야 한다고 하고 있습니다. 더불어 북촌을 찾는 관광객들이 관광 에티켓을 지켜야 한다고 강조하고 있습니다. '선주'의 이 반응은 관광객을 위해 지역 주민들이 노력해야 한다는 관점으로, 이 글의 내용을 바르게 이해하지 못했다고 할 수 있습니다.

독해 적용
2회

지문이 촉각을 위해 존재한다고?

37쪽	38~40쪽
1 지문　2 촉각	1 ①　2 ②　3 ⑤　4 ④　5 ③
3 의수	6 (1) 무늬 (2) 유전자적 (3) 압력 (4) 미끄럼 (5) 촉각

독해
이 글은 물체를 잘 붙잡도록 하고 촉각을 예민하게 하는 등의 지문의 역할을 이해하는 것은 손이 가진 기능을 이해하는 데 도움이 된다.

1　이 글은 지문의 형태는 유전자적 체계, 엄마 배 속에서의 태아의 위치, 태아가 반는 압력 등에 따라 만들어지므로 지문은 같은 사람은 없다는 '지문의 특성'과 지문이 물체를 잘 붙잡도록 해 주고 촉각을 예민하게 한다는 '지문의 역할'을 설명하고 있는 글입니다.

2　**가** 문단은 글의 처음 부분으로 독자의 관심과 호기심을 유발하고 앞으로 설명하고자 하는 대상이 '지문'임을 밝히고 있는 부분입니다. 중심 내용을 요약하여 강조하는 부분은 글의 끝부분인 **사** 문단에 나타나고 있습니다.

3　**나** 문단의 첫 번째 문장에는 '지문'의 뜻을 분명하게 밝히어 설명하는 '정의'의 설명 방식이 사용되었고, **라** 문단의 마지막 문장에는 구체적인 예를 들어 설명하고 있는 '예시'의 설명 방식이 사용되었습니다.

4　제시된 문장은 손가락에 지문이 있으면 물건의 재질을 더 예민하게 느낄 수 있다는 실험 결과로, '지문이 촉각을 예민하게 한다.'는 내용을 더욱 구체적으로 보여줍니다. 따라서 **마** 문단을 뒷받침하는 내용이 될 수 있습니다.

5　지문에 대한 필요성에 대해서는 **사** 문단에서 나타나고 있는데, 지문에 대한 연구를 통해 손이 가진 섬세한 기능을 이해할 수 있다고 하였습니다. 이처럼 손이 가진 섬세한 기능을 이해한다면 지문의 역할을 이해하는 것도 손이 나타나고 있듯이 의수가 로봇 손의 기능 향상에 도움이 되므로 '제9장'이의 의견이 가장 적절합니다.

독해력 자신감　4　정답과 해설

전자레인지 안전 사용법

41쪽
1 필수품   2 용도
3 편의

42~44쪽
1 ⑤   2 ①   3 ④   4 ②
5 ③   6 (1) 데우는 (2) 용기 (3) 점검 (4) 레토르 물

[전자레인지는 이제 가정뿐 아니라 사무실 등에서도 필수품이 되었습니다. 간단하게 음식을 데울 수 있어 활용도가 높지만, 안전하게 사용하지 않으면 큰 위험이 있을 수 있으므로 주의해서 사용해야 합니다.] → 생활필수품인 전자레인지

전자레인지 사용 시 주의 사항
1. 젖은 종이, 젖은 화폐 등을 돌리지 않기
2. 전자레인지는 데우는 용도이며 요리하는 용도가 아님 ㉢명심하기
3. 전자파 차단을 위해 안전거리 ㉡준수하기
4. 금속 및 알루미늄 용기는 피하기
5. 아무것도 넣지 않고 돌리지 말기
6. 오래된 고무 패킹된 전자레인지가 설 수 있으므로 고무 패킹 질 ㉣편리하기

전자레인지 사용 불가 식품
1. 달걀: 전자레인지는 ◆마이크로파가 물 분자를 직접 ㉐가열하기 때문에 흰자나 노른자 속에 있는 수분이 수증기로 변하여 부피가 몇 배로 늘거나 달걀이 폭발할 수 있습니다.
2. 수분이 풍부한 과일: 전자레인지는 물 분자를 가열시켜 음식을 데우기 때문에 과일 껍질이 내부의 ㉑압력을 견디지 못하고 터질 수 있습니다.

전자레인지 청소법
1. 곰팡이: 곰팡이을 전자레인지에 넣고 2분간 돌린 후, 곰팡이에서 발생한 ◆수증기를 마른행주로 닦아 줍니다.
2. 레토르 물: 레토르 물을 대접에 담아 2분간 돌린 후 전자레인지 내부 벽과 바닥에 맺힌 물기를 마른행주로 닦아 줍니다. → 전자레인지 안전 사용법

전자레인지는 우리에게 편의를 주는 제품입니다. ⓐ[잘못 사용하게 되면]
전자레인지의 안전한 사용이 필요합니다.

↓ 전자레인지의 안전한 사용을 담부

큰 위험이 될 수 있으므로 무엇보다 안전하고 올바른 사용이 필요합니다.
글 전체의 중심 문장

전자레인지는 활용도가 높지만, 잘못 사용하면 큰 위험을 줄 수 있으므로 안전하고 올바르게 사용해야 한다.

1 이 글은 전자레인지 사용 시 주의 사항, 전자레인지 사용 불가 식품, 전자레인지 청소법 등을 제시하며 '전자레인지를 안전하게 사용하는 방법'을 설명하고 있습니다.

2 '잊지 않도록 마음에 깊이 새겨 둠.'이라는 뜻의 낱말은 ㉠ '명심'입니다.
오답풀이
② 준수: 규칙, 명령 등을 그대로 따라서 지킴.
③ 관리: 시설이나 물건의 유지, 개량 등의 일을 맡아 함.
④ 가열: 어떤 물질에 열을 가함.
⑤ 압력: 두 물체가 접촉면을 경계로 하여 그 면에 수직으로 누르는 힘.

3 전자레인지 사용 시 주의 사항에서 '5. 아무것도 넣지 않고 돌리지 말기'라고 안내하고 있습니다. 따라서 ④의 설명은 옳지 않습니다.
오답풀이 ①, ②, ③, ⑤는 글의 조록색 부분에서 확인할 수 있습니다.

4 ⓐ의 앞부분에는 전자레인지는 편의를 준다는 장점이 나와 있지만, 뒷부분에는 잘못 사용하면 큰 위험을 줄 수 있다고 나와 있습니다. 따라서 앞의 내용과 반대되는 내용을 이어줄 때에는 '그러나'가 들어가는 것이 적절합니다.
오답풀이 ① 그래서, ⑤ 그러므로: 앞의 내용이 뒤의 내용의 까닭이나 원인, 근거가 될 때에 쓰는 말
③ 그리고: 서로 비슷한 내용의 두 문장을 이어줄 때에 쓰는 말
④ 왜냐하면: 뒤 문장이 앞 문장의 원인이 될 때 쓰는 말

5 '전자레인지 사용 불가 식품'으로 달걀을 제시하고 있습니다. 마이크로파가 달걀 속의 물 분자를 직접 가열하기 때문에 달걀이 폭발할 수 있기 때문입니다. 따라서 전자레인지로 달걀 찌기 등 간단한 요리를 만들 수 있다고 한 '성훈'이는 이 글의 내용을 잘못 이해한 것입니다.

어린이가 화장해도 될까?

45쪽
1 화장
2 피부
3 외모

46~48쪽
1 ③   2 ⑤   3 ④   4 ⑤   5 ③
6 (1) 화장품 (2) 피부 (3) 건강 (4) 가치관

[가] 오늘날 화장을 하는 나이가 점점 어려지고 있다. 어린이들 사이에서 ①화장하는 방법을 알려 주는 유튜브 채널이 큰 인기를 끌 정도이다. 어른처럼 웃음 입고 진한 화장을 한 아이돌 스타나 어린이 모델을 보며 따라 하기도 하고, 유행하는 화장품이나 화장법을 공유하는 등 어린이들의 새로운 놀이 문화가 되고 있다. 그러나 ㉠어린이가 화장을 하며 느끼는 즐거움만큼 부작용도 심각하다. → 화장품을 사용하는 어린이들이 늘고 있음.

[나] ㉡화장을 하면 피부가 쉽게 상할 수 있다. 어린이는 어른보다 피부가 약하다. 그 런데 화학 성분으로 된 화장품을 쓰다 보면 피부 문제가 생기기 쉽다. 특히 여드름을 가리기 위해 두껍게 화장을 하는데, 오히려 피부에 염증을 일으킨다. 또, ④화장 후 깨끗이 씻어내지 않으면 여드름이나 두드러기가 더 많이 생기는 악순환에 빠지기도 한다. → 화장을 하면 피부가 망가질 수 있음.

[다] 둘째, 화장품에 들어 있는 ⓒ유해 물질에 노출되어 건강을 해칠 수 있다. 어린이들은 ‘유아용’이라고 표시된 화장품을 쓴다고 생각하지만, 이런 제품들이 많고, 건강에 유해한 성분들이 들어 있는 경우가 많다. ㉣이러한 화장품도 ‘포장, 표현, 검증되지 않은 화장품 쓰더라도 일부 유해한 성분의 경우 어린이의 성장과 건강에 좋지 않은 영향을 미칠 수 있으므로 주의가 필요하다. → 어린이 화장이 부작용 ① 어린이의 화장용 부작용 화장품 사용을 하면 망가 질 수 있음.

[라] 셋째, 일찍부터 화장을 하며 잘못된 가치관을 가질 수 있다. 외모지상주의의 같은 잘못된 ㉤가치관을 가질 수 있다. 외모지상주의란, 외모가 인생의 성공을 결정하는 것을 말한다. 어렸을 때부터 화장을 하며 외적인 아름다움에만 관심을 두다 보면 진정한 아름다움이란 무엇인지 미처 생각하지 못하고 자라날 수 있다. → 어린 나이의 화장은 ③ 잘못된 가치관에 빠질 수 있음.

[마] 화장품에는 건강 유해 성분이 많음. 화장품에는 건강을 해칠 수 있는 성분으로 이루어진 것들이 많다. → 어린이 화장의 부작용 ② 화장품의 성분이 건강을 해칠 수 있음.

호기심과 예뻐지고 싶은 마음에 시작한 화장이 자라야 할 어린이들의 피부와 건강을 위협하고 잘못된 가치관에 빠지게 할 수 있다. 화장으로 인한 부작용이 커지기 전 글쓴이 무분별한 화장품 사용을 막아야 함.

1 글쓴이는 ‘화장’하는 어린이들이 점점 늘고 있는 상황을 걱정하고 있습니다.

2 이 글은 어린이들에게 화장품 사용의 위험성을 알려 주고 무분별한 화장품 사용을 막아야 한다고 주장하고 있습니다. ㉤은 글쓴이의 ‘주장’에 해당하고, ㉠~㉣은 주장을 뒷받침하는 ‘근거’로 제시되고 있습니다.

3 제시된 글은 광고나 드라마 같은 매체에서 외모가 출중한 사람들이 좋은 대우를 받는다는 내용입니다. 이러한 영향으로 외모가 빼어나야만 성공할 수 있다는 외모지상주의 같은 잘못된 가치관이 생길 수 있습니다. 따라서 제시된 글과 가장 관련 있는 문단은 [라] 문단입니다.

4 어린이가 검증된 어른용 화장품을 쓰더라도 어린이에게 좋지 않은 성분으로 인해 건강을 해칠 수 있다고 설명하고 있습니다. 따라서 ‘어린이는 검증된 어른용 화장품을 써야 한다.’라고 한 설명이 알맞지 않습니다.

오답풀이 ①, ②, ③, ④는 글이 [초록색 부분]에서 확인할 수 있습니다.

5 글쓴이는 [마] 문단에서 호기심과 예뻐지고 싶은 마음에 시작한 화장이 어린이들의 피부와 건강을 위협한다고 말하고 있습니다. 따라서 글쓴이와 같은 관점을 갖고 있는 친구는 ‘선영’입니다.

오답풀이 ① [라] 문단에서 외모 지상주의 같은 잘못된 가치관을 가질 수 있다고 하였습니다.
② [나] 문단에서 여드름을 가리기 위해 화장을 하는 것 역시 피부에 염증을 유 발해 피부 건강에 해롭다고 말하고 있습니다.
④ [다] 문단에서 ‘유아용 화장품’은 비교적 써지만, 어린이의 건강을 위협하 는 성분이 들어 있다고 주장합니다.
⑤ [가] 문단에서 어린이들이 화장품을 공유하는 것에 대해 부정적으로 보고 있습니다.

어린이들에게 화장품 올바른 사용법과 부작용을 알려 주고, 무분별한 화장품 사용을 막아야 한다.

손이 혼자 _ 이상교

지하도 계단을 내려가면서
무심코 잡은 친구 ㉠손.

"네 ㉡손은 참 따뜻해."
말하는 이의 행동에 따뜻함을 느낀
친구는 말했다.

"주머니에 넣고 와서야."

오는 동안 내내
주머니 속에 있던
내 ㉢손.

정말은
가까운 네 ㉣손 따뜻하게
녹여 주려
말하는 이의 내면의 생각이 드러나는 부분
잡은 ㉤손이 혼자

주머니 속에
숨어 있었던 걸 거야.

손이 말하는 걸
꼭 참고,
감감한 걸
꼭 참고,
손이 혼자.

• **구성:** 4연 19행
• **제재:** 친구, 손
• **주제:** 친구의 손을 따뜻하게 해 주고 싶은 마음
• **특징:** 친구의 손을 따뜻하게 감싸 준다가 친구의 손을 꼭 잡아 주는 '나'의 행동에서 친구를 아끼는 '나'
  의 마음이 진전하게 드러나는 서정적인 시임.

---

1 지하도   **2** 무심코   **1** ②   **2** ④   **3** ⑤   **4** ③
3 감감하다   **5** ④   **6** ③

1 이 시는 친구를 아끼는 글쓴이의 마음이 잘 드러난 시로, '친구'에 관한 내용이
라고 볼 수 있습니다.

2 '나'가 주머니에 손을 넣은 것은 친구에게 줄 것이 있어서가 아니라, 친구의 손
을 따뜻하게 녹여 주려고 우선 자기 손을 따뜻하게 만들기 위해서였습니다.

3 ㉠, ㉢, ㉤은 '나'의 손을, ㉡, ㉣은 친구의 손을 나타내고 있습니다.

4 4연의 '손이 말하는 걸 / 꼭 참고, / 감감한 걸 / 꼭 참고,'라는 내용으로 미루
어 짐작하여 볼 때, 주머니 속에 손을 넣어 두었던 것이 다소 감감하였음에도 친
구를 위해 손을 주머니에 넣어 두었다는 것을 알 수 있습니다. 즉, 말하는 이
는 친구를 아끼는 따뜻한 마음을 가지고 있습니다. 따라서, '친구에게 느끼는
감감한 마음이 전해지네.'라는 반응은 적절하지 않습니다.

5 「두 아이」에서 두 아이는 우산도 없이 비를 맞으며 걸어가고 있습니다. 3연에
서 두 아이의 웃음 같은 모두 젖었지만, 이야기를 나누는 시간은 즐거운 마음으로 젖
속되었기 때문에 '재미난 이야기는 비에 젖지 않는다.'라고 표현하였습니다.
㉠에서 두 아이가 결국 비를 피했다는 것은 알 수 없습니다.

6 「손이 혼자」는 친구를 아끼고 배려하는 말하는 이의 마음이 나타나 있으며,
「두 아이」는 두 친구가 즐겁게 이야기를 나누는 시간을 보여 주고 있습니다.
따라서 두 편의 시에서 공통으로 나타나는 주제는 '친구 사이의 우정'이라고
볼 수 있습니다.

볼 수도, 만질 수도 없는 화폐

53쪽

1 가상　　2 화폐
3 재물

54~56쪽

1 ④	2 ②, ⑤	3 (1) 금 (2) 광부
4 ②	5 ⑤	6 해설 참조

1 이 글은 온라인 가상 화폐인 비트 코인의 특징을 일반 화폐와 비교하면서 설명하는 글입니다. 따라서 중심 글감은 '비트 코인'입니다.

2 ② 비트 코인은 지폐나 동전과는 달리 눈으로 볼 수도 만질 수도 없기 때문에 손에 들고 다닐 수가 없습니다. ⑤ 비트 코인은 컴퓨터가 있고 인터넷만 되면 은행을 가지지 않고도 누구든지 비트 코인 계좌를 만들 수 있습니다.
오답풀이 ①, ③, ④는 글의 초록색 부분에서 확인할 수 있습니다.

3 [다] 문단에서 '비트 코인 채굴'을 설명하며 이것은 마치 광부가 땅을 파고 금을 캐는 것과 같다고 설명하고 있습니다. 따라서 비트 코인은 광부의 방식으로 '금', 비트 코인을 채굴하는 사람은 '광부'에 빗대어 설명하고 있음을 알 수 있습니다.

4 ㉠은 통화량의 뜻을 분명하게 밝혀 정하고 있습니다. 이러한 설명 방식을 '정의'라고 합니다. 정의의 설명 방식은 '~은/는 ~이다.'와 같은 문장으로 표현합니다.

5 '이런 까닭으로 비트 코인은 돈세탁이나 마약 거래 등 범죄에 이용되는 부작용이 발생하기도 한다.'를 통해 비트 코인이 왜 범죄에 이용되는지 설명해 줄 수 있는 문단 뒤에 이어져야 함을 알 수 있습니다. 비트 코인을 거래할 때 은행을 가지지 않고 누구든지 비트 코인 계좌를 만들 수 있다고 설명하고 있는 [마] 문단 뒤에 이어지는 것이 가장 적절합니다.

6 정답 (1) 비트 코인 (2) 가상 화폐 (3) 재물 (4) 통화량 (5) 계좌

우리가 사용하는 화폐와 온라인 가상 화폐인 비트 코인(Bit Coin)에는 차이점이 있다.

오페라와 뮤지컬

공연 문화가 발전하면서 어린이들도 오페라나 뮤지컬 공연 등을 관람할 기회가 많아지고 있어. 무대 위에서 공연하는 오페라 가수나 뮤지컬 배우를 꿈꾸는 어린이들도 많아졌지. 그런데 오페라와 뮤지컬을 혼동하는 친구들이 있어. 그래서 오늘은 오페라와 뮤지컬에 대해서 알려 주려고 해. → 오페라와 뮤지컬이라는 설명 대상 제시

① 먼저, 오페라에 대해 말해 줄게. 오페라는 1597년 이탈리아의 피렌체에서 시작되었는데, 그리스 신화를 음악에 맞추어 공연한 연극 「다프네」가 최초의 오페라라고 알려져 있어. 그후 오페라의 아버지라고 불리는 작곡가 주세페 베르디에 의해 오페라가 자리 잡게 되었단다. ② 오페라는 19세기 유럽에서 귀족과 서민, 모든 계층이 즐겼던 공연이야. 잘 알려진 오페라 작품에는 「아이다」, 「피가로의 결혼」 등이 있어. → 오페라의 시작과 발전, 유명한 작품 소개

반면, 뮤지컬은 19세기 후반 오페라보다 좀 더 즐겁게 볼 수 있는 공연을 원했던 영국인들을 위해 영국에서 처음 만들어졌어. 오페라에 화려한 춤과 흥겨운 노래를 더한 거야. 이후 미국의 대중음악과 결합해 한때 뉴욕의 쇼(Show)로 발전한 뮤지컬은 전 세계로 퍼지게 되었지. 「캣츠」, 「레 미제라블」 등이 유명한 뮤지컬 작품들이야. → 작품 소개

비교의 방식 ── 오페라와 뮤지컬 모두 노래와 음악, 이야기가 담긴 음악극을 무대에서 공연한다는 공통점이 있어. 공통점① 무대 위에서 더 멋진 효과를 주기 위해 조명을 사용하고, 배우에게 맞는 의상과 소품을 이용한다는 점도 비슷해. 공통점② → 오페라와 뮤지컬의 공통점

그러나 오페라와 뮤지컬은 분명하게 구분되는 차이점이 있어. 뮤지컬이 '노래'를 더 중요시한 다면, ③ 오페라는 '음악'을 더 중요하게 생각하는 '성악가'들이 공연하는 거야. 차이점① 그래서 오페라에는 '오케스트라 피트'라고 불리는 관객의 눈에 띄지 않는 무대 아래에 지하 공간에 있어. 이 오케스트라 피트에서 오케스트라가 오페라에 등장하는 모든 음악을 직접 연주해. 그리고 오페라에 등장 ④ 오케스트라가 오페라에 등장하는 모든 음악을 직접 연주 하는 성악가는 주로 노래를 부르지만, 대사를 하더라도 마지 노래를 부르는 것과 같이 운율이 있는 대사를 해. 반면에 뮤지컬은 배우가 운율이 없는 대사를 하며 연기를 하거나, 아기를 연주하기도 하고 노래를 직접 부르기도 해. → 오페라와 뮤지컬의 차이점

대조의 방식 ── 이 밖에도 오페라는 잔잔한 국가의 언어로 공연되지만, 뮤지컬은 주로 공연하는 나라의 언어로 공연되기도 해. 오페라는 춤 동작이 크지 않은 편이나 ⑤ 뮤지컬은 상대적으로 춤 동 작이 크고 역동적이며 화려한 쇼처럼 공연하는 점 등이 오페라와 뮤지컬의 차이점이지. → 오페라와 뮤지컬의 차이점 → 마무리

음악극을 무대에서 공연하는 오페라와 뮤지컬은 공통점과 차이점이 있다.

---

1 이 글은 '오페라와 뮤지컬'의 공통점과 차이점'을 이해하기 쉽게 풀어 쓴 글입니다.

2 '춤 동작이 크고 역동적이며 화려한 쇼(Show)처럼 공연하는 것'은 뮤지컬에 대한 설명이므로 ⑤는 알맞지 않습니다.
> 오답풀이 ①, ②, ③, ④는 초록색 부분에서 확인할 수 있습니다.

3 5문단을 보면, '오케스트라 피트'라고 불리는, 관객의 눈에 띄지 않는 무대 아래 지하 공간에서 오케스트라가 오페라에 등장하는 모든 음악을 직접 연주한 다는 사실을 확인할 수 있습니다.

4 이 글에는 오페라와 뮤지컬의 배우에 관한 설명은 없으므로 '유명한 뮤지컬 배우는 누구인가?'는 이 글을 통해 알 수 없습니다.
> 오답풀이 ① 2문단에서 확인할 수 있듯이 최초의 오페라 작품은 그리스 신화를 음악에 맞추어 공연한 연극 「다프네」입니다.
> ② 2문단에서 오페라가 19세기 유럽에서 시작되었음을 확인할 수 있습니다.
> ③ 3문단에 「캣츠」, 「레 미제라블」 등이 유명한 뮤지컬 작품임이 나와 있습니다.
> ⑤ 오페라와 뮤지컬의 차이점에 대해 5~6문단에서 자세히 설명하고 있습니다.

5 이 글은 오페라와 뮤지컬의 공통점과 차이점을 설명하는 글로, 공통점을 설명하는 4문단에서는 '비교'의 방식을 사용하였고, 차이점을 설명하는 5~6문단에서는 '대조'의 방식을 사용하고 있습니다.
> 오답풀이 ① 묘사: 어떤 대상을 눈에 보일 듯이 자세히 설명하는 방식
> ③ 분류: 대상을 일정한 기준으로 나누어서 설명하는 방식
> ⑤ 분석: 하나의 대상을 개별적인 요소나 성질로 나누어 설명하는 방식

6 정답 (1) ㄷ, ㅁ, ㅂ (2) ㄴ, ㄷ, ㄹ (3) ㄱ, ㅅ, ㅇ

세도 정치 시기 조선의 상황

61쪽
1 개혁　　2 탐관오리
3 봉기

62~64쪽
1 ②　　2 ②　　3 ④　　4 ⑤
5 ④　　6 민란

선생님 지난 시간에는 영조와 정조 시기 정치에 대해 배웠습니다. 오늘은 세도 정치란 무엇인지, 그 시기에는 어떤 일들이 있었는지에 대해 공부하겠습니다.

정조는 여러 개혁 정치를 실시하면서 왕권을 강화하고 정치를 안정시켰습니다. ⑦
① 갑자기 ⑦정조가 세상을 떠나면서, ②11살밖에 안 된 어린 세자가 왕위에 올랐으니, 나라의 중요한 일들을 결정할 만한 능력이 있었을까요?

학생들 아니요.

선생님 그렇다면 어린아이를 왕으로 맞이한 조선은 국가를 운영하기 위해 어떤 방법을 썼을까요?

학생1 아머니나 할머니 또는 능력 있는 친척들이 도와줬을 것 같아요.

선생님 맞습니다. ③조선은 수렴청정이라는 제도가 있었는데, 어린 임금이 즉위했을 때, 왕실의 왕대비나 대왕대비가 정치를 도와주는 것입니다. 수렴청정 기간 나타 날 수 있는 가장 큰 문제는 무엇일까요?

학생2 왕이 성인이 되어 정치를 할 수 있게 된 후에도, 왕대비나 대왕대비가 임시로 가진 권력을 돌려주지 않을 수 있을 것 같아요.

선생님 맞아요. 그것이 수렴청정의 가장 큰 문제점이라고 할 수 있죠. 그런데 조선은 순조 이후 헌종, 철종까지 3대 60여 년간 비슷한 상황이 반복되었습니다. 특히 왕의 외척을 중 심으로 안동 김씨, 풍양 조씨 등 특정 몇몇 가문이 권력을 독점합니다. 이를 ⑤세도 정치라고 하는데, 이 시기에 ④많은 부정부패가 일어났어요. 이런 부정부패들이 있었을까요?

학생1 ⓐ관직을 사고팔았을 것 같아요.
학생2 ⓑ세금을 함부로 걷고, 백성들을 괴롭혔을 것 같아요.
학생3 ⓒ자신들의 말을 잘 듣지 않으면 차별했을 것 같아요.
학생4 ⓓ자연재해도 많이 발생했다고 들었어요.
학생5 ⓔ능력이 없는 사람들에게 도움을 받고 시험에 합격시켜 줬을 것 같아요.

선생님 여러분들이 말한 것처럼 ④관직을 사고파는 매관매직이 성행했고, 탐관오리들은 정해진 세금보다, 세금도 함부로 더 많이 걷거나 내지 않아도 되는 사람들에게 억지로 걷기도 했습니다. 당시 백성들은 살기

어려운 도적이 되거나 살던 곳에서 생활을 하는 경우도 생겨났어요. 만약 여러분이 당시 백성들이라면 어떤 방법으로 이러한 문제를 지적했을까요?

학생1 익명으로 글을 써서 단체탄에 붙였을 것 같아요.
학생2 여러 백성들과 함께 힘을 모아 봉기했을 것 같아요.
선생님 그렇습니다. 세도 정치 시기에는 전국에서 크고 작은 백성들의 난이 많이 일어났습니다. 다음 시간에는 조선 후기를 뒤흔들었던 민란에 대해 공부하겠습니다.

해설

조선 역사상 가장 부정부패한 세도 정치 시기, 조선 사회는 혼란스러웠고 백성들은 살기 어려웠다.

1 선생님이 수업을 시작하면서 '오늘은 세도 정치란 무엇인지 ~ 공부하겠습니다.'라고 말한 것을 통해 '세도 정치'에 대한 내용임을 알 수 있습니다.

2 ⑦을 중심으로 앞부분에는 정조 시기의 안정된 정치 상황이, 뒷부분에는 정조의 죽음 뒤 어린 세자가 왕위에 즉위한 불안정한 정치 상황이 제시되어 있으므로 '그런데'가 들어가는 것이 적절합니다.

3 관직을 사고파는 행위가 성행하게 되었으므로 ④는 관련이 없습니다.

오답풀이 ①, ②, ③, ⑤는 글의 조목별 부분에서 확인할 수 있습니다.

4 세도 정치 시기는 정상적인 상황이라고 볼 수 없으므로 ⑤가 적절합니다.

5 ⓒ은 세도 정치 기간 일어난 부정부패에 관해 묻는 질문입니다. ⓐ, ⓑ, ⓒ, ⓔ는 모두 부정부패로 일어날 수 있는 일들이지만, ⓓ는 부정부패와 관련 없으므로 적절하지 않습니다.

6 선생님의 마지막 말에 '세도 정치 시기에는 전국에서 크고 작은 난이 많이 일어났다.'고 하며 이를 '민란'이라고 설명하고 있습니다.

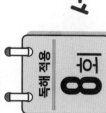

폭염 발생 시 국민 행동 요령

우리나라는 여름철마다 폭염으로 인해 몸살을 앓고 있다. 수시로 폭염 정보가 내려지고 무더위로 인한 환자수가 잇따라 발생하고 있다. 낮 최고 기온이 35℃를 넘는 것은 물론, 체감 온도는 40℃를 넘기도 한다. → 폭염으로 인한 문제

일반적으로 일 최고 기온이 33℃ 이상인 매를 폭염이라고 하며, 국내에서는 일 최고 온도가 33℃ 이상이 2일 이상 지속될 때를 폭염 주의보, 35℃ 이상이 2일 이상 지속될 때를 폭염 경보를 발령하고 있다. 폭염은 열대야를 동반하는 경우가 많다. ⊙열대야란 저녁 기온이 25℃ 이상인 무더운 밤을 뜻하며, 밤에도 높은 온도가 계속되어 잠을 설치게 한다. → 폭염과 열대야의 의미 { 폭염의 정의 / 폭염과 열대야의 정의 }

폭염으로 인한 피해를 줄이기 위해 정부에서는 ⓒ폭염 발생 시 국민 행동 요령에 대해 아래와 같이 안내하고 있다. 중심 낱말

폭염 발생 시 국민 행동 요령

1. 일반 가정에서는
- ①야외 활동을 최대한 자제하고, ②외출이 꼭 필요한 경우에는 챙이 넓은 모자와 가벼운 옷차림을 하고 물병을 반드시 휴대한다.
- ③물을 많이 마시고 ④카페인이 들어간 음료나 주류는 마시지 않는다.
- 냉방이 되지 않는 실내는 햇볕을 가리도록 맞바람이 불도록 환기를 한다.
- 창문이 닫힌 자동차 안에는 노약자나 어린이를 홀로 남겨 두지 않는다.
- 거동이 불편한 노인, 신체 허약자, 환자 등을 남겨 두고 장시간 외출할 경우에는 친인척, 이웃 등에 보호를 부탁한다.
- ⑤현기증, 두통, 근육 경련 등의 증세가 보이는 경우에는 시원한 곳으로 이동하여 휴식을 취하고 시원한 음료를 천천히 마신다.

2. 학교에서는
- 에어컨 등 냉방 장치 운영이 곤란한 경우에는 단축 수업, 휴교 등 학사 일정 조정을 검토하고, 식중독 사고가 발생하지 않도록 주의한다.
- 냉방이 되지 않는 실내에서는 햇볕이 실내에 들어오지 않도록 하고, 환기가 잘되도록 선풍기를 켜고 창문이나 출입문을 열어 둔다.
- 운동장에서 체육 활동 및 소풍 등 各종 야외 활동을 자제한다.

→ 폭염 발생 시 국민 행동 요령

'소 잃고 외양간 고친다는 것과 같은 속담은… 이 수속은 ⓒ ［   ］ 는 뜻이다. 폭염

발생 시 국민 행동 요령을 미리 파악하여 폭염에 의한 피해를 줄이기 위해 노력해야 한다. 글 전체의 중심 문장

65쪽
1 폭염   2 요령
3 냉방

66~68쪽
1 ⑤   2 ④   3 (1) 33 (2) 2 (3) 정보 (4) 열대야
4 ④   5 ⑤   6 해설 참조

독해
폭염 발생 시 국민 행동 요령을 미리 파악하여 폭염에 의한 피해를 줄이기 위해 노력하자.

1 이 글은 폭염과 열대야의 의미, 폭염 발생 시 국민 행동 요령 등에 대해 설명하고 있는 글입니다. '폭염으로 인한 세계 여러 나라의 피해 사례'는 이 글에서 다루고 있지 않습니다.
오답풀이 ①, ②, ③, ④는 문단별 요약 내용을 확인하면 알 수 있습니다.

2 ⊙은 '~는 ~이다.'의 형식을 취하고 있습니다. 이와 같은 형식으로 어떤 말의 뜻을 명백히 밝히는 방법을 '정의'라고 합니다.

3 2문단에서 폭염의 의미, 폭염 주의보와 폭염 경보가 발령되는 기준, 열대야의 의미를 설명하고 있습니다.

4 폭염이 발생했을 때에는 물을 많이 마시고, 카페인이 들어간 음료나 주류는 마시지 말라고 하고 있습니다. 따라서 '시원한 음료, 커피 등을 자주 마셔 체온을 낮춘다.'라는 설명은 옳지 않습니다.
오답풀이 ①, ②, ③, ⑤는 글의 조목별 부분에서 확인할 수 있습니다.

5 '소 잃고 외양간 고친다.'라는 속담은 외양간이 망가져 그 안의 소가 도망가고 나면 그 뒤에 외양간을 고쳐 봤자 다시 도망간 소가 돌아오지 않기 때문에 '일을 그르친 뒤에는 아무리 뉘우쳐도 소용없다.'라는 뜻을 나타냅니다. 따라서 ⓒ에는 ⑤가 많이 들어가는 것이 적절합니다.

6 예시답안 폭염 발생 시 국민 행동 요령을 미리 파악하여 폭염에 의한 피해를 줄이기 위해 노력하자.

내 이름은 삐삐 롱스타킹
_ 아스트리드 린드그렌

①삐삐는 학교 운동장으로 정신없이 말을 몰고 들어가 말에서 뛰어 내린 다음, 말을 나무에 붙들어매고 우당탕탕 교실로 뛰어들어가 있다. ②발소리가 얼마나 요란했던지 토마와 아니카를 비롯한 모든 학생들이 별떡 놀라서 삐삐를 카다란 모자를 흔들며 가는 물은이고, 그 반 학생들이 모두 놀라서 별떡 일어났다.

"여러분, 안녕? 내가 구구단 시간에 제대로 맞춰 왔나요?"

토마와 아니카는 선생님에게 삐삐 롱스타킹이라는 여학생이 새로 올 거라고 미리 말해 두었다. 그리고 선생님도 이미 삐삐에 관한 소문을 들은 적이 있다. 선생님은 매우 상냥한 분이셔서 삐삐가 즐겁게 학교에 다닐 수 있도록 최선을 다할 생각이었다. 삐삐는 누가 앉으라고 하지 않았는데 빈 의자에 털썩 주저앉았다. 하지만 선생님은 삐삐가 제멋대로 굴어도 아무 신경도 쓰지 않았다. 선생님은 무척 다정한 목소리로 말했다.

"내가 학교에 다니게 되어 기쁘구나, 삐삐. 학교에서 공부도 많이 하고 즐겁게 지내렴."

"네, 그리고 빨리 겨울 방학이 되었으면 좋겠어요. ③방학 때문에 학교에 왔거든요. 그래야 공평하잖아요."

선생님이 말했다.

"이름부터 말하렴. 출석부에 네 이름을 올릴 테니까."

"제 이름은 삐삐로타 델리카테사 윈도셰이드 맥크렐민트 에프라임즈 도우터 롱스타킹이에요. ④예전에 바다의 무법자였고 지금은 식인종의 왕인 에프라임 삐삐로타 롱스타킹 선장의 딸이에요. 삐삐는 그냥 별명이에요. 아빠가 삐삐로타는 길어서 부르기 불편하다고, 삐삐라는 별명을 붙여 주셨어요."

선생님이 말했다.

"그래? 음, 그럼 우리도 너를 삐삐라고 부를게. 자, 이제 네 실력을 좀 알아볼까? 넌 제법 컸으니까 아는 것도 많겠지? 수학 문제부터 풀어볼까? 삐삐, 7 더하기 5는 몇이지?"

삐삐는 놀라고 당황하여 선생님을 쳐다보며 말했다.

"글쎄요, 선생님도 모르는 걸 제가 어떻게 알아요?"

아이들은 모두 놀란 눈으로 삐삐를 지켜보았다. 선생님은 수업 시간에 그런 식으로 대답하면 못쓴다고 타일렀다. 삐삐는 이내 잘못을 뉘우쳤다.

"죄송해요. 몰랐어요. 다시는 안 그럴게요."

선생님은 삐삐의 행동을 아무렇지 않게 받아들이기로 마음먹고 계속 질문을 했다.

"그럼 삐삐, 8 더하기 4는 몇이니?"

⑤삐삐는 아무렇게나 대답했다.

"한 67쯤?"

"아니야, 8 더하기 4는 12란다."

삐삐가 말했다.

"선생님, 이건 정말 너무해요. 아까는 7 더하기 5가 12라고 하셨잖아요. 아무리 학교라지만 그건 정말 말도 안 돼요. 그렇게 바로 답을 장난이 재미있으시면 혼자서 구석에 앉아 수학 문제에 영통한 게 담하는 삐삐 롱스타킹 ..."

영통하고 유쾌한 성격을 가진 삐삐가 학교에 가게 되면서 선생님과의 갈등을 겪고 있다.

69쪽
1 소문   2 신장   3 별명

70~72쪽
1 ②   2 ①   3 ⑤   4 ⑤
5 ②   6 ③

1 이야기에 등장하여 사건을 끌어가는 사람이나 동물, 식물, 사물 등을 인물이라고 합니다. 이 글에 등장하는 '삐삐'는 사건의 중심이 되는 인물입니다.

2 학교 수업시간에 일어난 일이므로 공간적 배경은 '학교 교실'입니다.

3 선생님은 삐삐가 제멋대로 굴어도 신경 쓰지 않고 수학을 가르치려 하지만, 삐삐는 수학 문제를 계속 질문하는 선생님을 이해하지 못해 결국 갈등이 생기고 있습니다.

4 삐삐는 선생님이 내는 수학 문제에 아무렇게나 대답하고 있으므로 '선생님이 내는 수학 문제에 정답을 삐삐가 모두 맞혔다.'라는 설명은 옳지 않습니다.

오답풀이 ⑦에서 삐삐의 당돌한 성격을 알 수 있습니다.

5 ①, ②, ③, ④는 글의 조록색 부분에서 확인할 수 있습니다.

6 뒷이야기에서 학교 공부를 하며 정말 머리가 팽팽 돌 지경이었다고 한 삐삐의 말로 보아 '주호'의 반응이 가장 적절합니다.

효과적인 광고 전략, PPL

최근 영화나 드라마에서 등장인물들이 입고 나온 옷이나 신발, 혹은 가구 등을 실제로 구매하려는 사람들이 늘고 있습니다. 이 때문에 영화나 드라마에 ①상품을 등장시켜 제품을 홍보하려는 기업도 많습니다. 바로 이러한 광고 방식을 PPL(Product Placement)이라고 합니다. → PPL에 대한 화제 제시

PPL은 영화나 드라마에 제품을 등장시켜 홍보 효과를 얻는 간접 광고의 한 방식입니다. ②텔레비전 광고의 경우 정해진 시간 동안 눈길을 사로잡을 만한 아이디어로 시청자의 관심을 끌어 제품의 장점을 직접 홍보합니다. ③그러나 PPL은 광고 시간이 정해져 있지 않고 영화나 드라마에 자연스럽게 등장합니다. 이를 본 시청자들이 제품에 대해 궁금증을 갖고 직접 찾아보기도 하고, 때로는 구매로까지 이어지는 것입니다. → PPL의 의미와 텔레비전 광고와의 차이

미디어가 발달하면서 PPL 광고를 하려는 기업들이 더 늘고 있습니다. 텔레비전 광고보다 ④영화나 드라마가 통행할 경우 홍보 효과가 크기 때문입니다. 한 자동차 회사는 자동차 주연 장면이 많은 드라마에 신차를 비롯하여 19대의 차량을 제공하고 130억에 이르는 ◆마케팅 효과를 보았다고 합니다. 자동차처럼 텔레비전 광고를 할 때 100억 원 정도가 들어가는 것까지 비교해 보면 PPL로 어마어마한 홍보 효과를 본 셈입니다. → PPL의 홍보 효과

그러나 PPL에도 부작용은 있습니다. ⑤일부 영화나 드라마에서 특정 상품이 과도하게 등장하면서 PPL이 나의 흥미를 끌기도 합니다. 극 중 분위기나 내용과 상관없이 인위적으로 장하면서 PPL이 나의 흥미를 끌기도 합니다. 극 중 분위기나 내용과 상관없이 인위적으로 삽입되는 PPL은 이야기를 어색하게 하여 시청의 눈살을 찌푸리게 만듭니다. 영화나 드라마의 내용이 주가 되고, PPL은 그 전개를 방해하지 않는 수준이 되어야 합니다. 욕심이 앞서 제품이 너무 부자연스럽게 제품만이 아니라 드라마와 영화까지 부정적으로 생각될 수도 있습니다. → PPL의 부작용

적은 비용으로 많은 사람들에게 자연스럽게 제품을 알릴 수 있는 PPL은 분명 효과적인 홍보 전략입니다. 그의 흥미를 끌지 않으면서 적당하게 제품이 노출될 때 ㉠시청자와 기업 모두에게 좋은 광고가 될 것입니다. → 효과적인 PPL의 조건

PPL은 효과적인 홍보 전략으로, 제품이 적당하게 노출된다면 시청자와 기업 모두에게 좋은 광고가 될 것이다.

1 이 글은 PPL의 특징과 부작용에 대해 설명하는 글입니다. 따라서 이 글의 설명 대상은 'PPL'입니다.

2 5문단 마지막 문장에 PPL이 '나의 흥미를 끌지 않으면서 적당하게 제품이 노출될 때 시청자와 기업 모두에게 좋은 광고가 될 것입니다.'라고 글의 중심 내용이 드러나 있습니다.

3 ㉮ 부분에서는 PPL을 텔레비전 광고와의 차이점을 중심으로 설명하고 있으므로 두 대상의 차이점을 밝히는 '대조'의 방식이 사용되고 있습니다. ⑤도 오토 바이어와 자전거의 차이점에 대해 '대조'의 방식으로 설명하고 있습니다.

오답풀이 ①은 예시, ②은 분석, ③은 분류, ④는 정의의 설명 방식이 사용되었습니다.

4 정해진 시간에 제품의 장점을 직접 홍보하는 방식의 텔레비전 광고와 달리 PPL은 광고 시간이 정해져 있지 않고, 영화나 드라마에 자연스럽게 등장합니다. 따라서 이 글과 일치하지 않는 것은 ③입니다.

오답풀이 ①, ②, ④, ⑤는 글의 종록색 부분에서 확인할 수 있습니다.

5 ㉠에서는 PPL 광고가 시청자와 기업 모두에게 좋은 광고 전략이라고 하고 있으므로, 양쪽 모두에게 이익이 되는 이런 경우에 사용할 수 있는 속담인 '누이 좋고 매부 좋다.'가 적절한 속담입니다.

오답풀이 ① 누워서 침 뱉기: 남을 해치려고 하다가 도리어 자기가 해를 입게 된다는 말
② 금강산도 식후경: 아무리 재미있는 일이라도 배가 불러야 흥이 나지 배가 고파서는 아무 일도 할 수 없다는 말
③ 자는 범 코 찌르기: 가만히 두어도 될 일을 잘못 섣불리 건드려 공연히 큰일을 일으킨다는 말
⑤ 천 리 길도 한 걸음부터: 무슨 일이나 그 일의 시작이 중요하다는 말

독해 적용 **12회**

포기하고 싶을 때 딱 한 걸음만

77쪽

1 청소년기   2 정체성
3 좌절

78~80쪽

1 ②   2 ⑤   3 ③   4 ⑤   5 ④
6 (1) 염려 (2) 가혹 (3) 적절한 좌절 (4) 포기

1 이 글에서 글쓴이는 역사학자 토인비의 역사 이론과 어느 생물학자의 실험 결과를 바탕으로 인간의 건강한 정신을 가지려면 적절한 좌절을 경험해야 한다고 주장하고 있습니다.

2 가 문단에 보면 대부분의 청소년들은 청소년기의 혼란을 잘 극복하지만 그중 일부 청소년들은 고통과 시련이 찾아왔을 때 좌절한 것을 미리 염려하지 못한 것을 조록색 부분에서 확인할 수 있습니다.

오답풀이 ①, ②, ③, ④는 글의 조록색 부분에서 확인할 수 있습니다.

3 나 문단에 제시된 사례는 인류가 가혹한 환경을 극복하고 발전한 사례입니다. 글쓴이는 이러한 사례를 통해 인류는 이러한 시련과 맞서 그것을 극복하는 과정에서 더욱 발전한다고 말하고 있습니다.

4 ㉠에 대한 대답은 바로 다음 문장에서 확인할 수 있습니다. 청소년기에 적절한 좌절을 경험하지 않으면 당시에는 좋을 수도 있으나 어른이 되었을 때 시련이 고통까지 함께 되어 더 힘들 수 있다고 말하고 있습니다.

5 나 문단에서 유명한 역사학자의 제설을 인용한 것은 수많은 인류가 가혹한 환경 속에서 더욱 발전할 수 있었음을 말하기 위한 것입니다. 따라서 인류 4번 문항을 이해해야 한다고 주장하고 있다는 '수진'이의 설명은 옳지 않습니다.

오답풀이 ① 역사학자의 역사 이론, 생물학자의 실험 결과와 같은 구체적인 사례를 제시하고 있습니다.
② 글쓴이는 '좌절'과 같은 시련이나 고통을 경험해야 한다고 말하고 있습니다.
③ 문단에서 글쓴이는 아래 도전도 하지 않는 사람들을 비판적으로 보고 있습니다.
⑤ 라 문단에 보면 청소년기에 적절한 좌절이 필요하다고 말하고 있습니다.

독해력 자신감 **14** 정답과 해설

입체파 화가 피카소

81쪽
1 화가   2 작품
3 입체감

82~84쪽
1 피카소   2 ②   3 ⑤   4 ②
5 ④   6 영혼

'20세기의 천재 화가'라 불리는 피카소(P. R. Picasso)는 스페인에서 가난한 미술 교사의 아들로 태어났다. ①어려서부터 그림에 소질을 보인 피카소의 재능을 살려 주기 위해 그의 아버지는 바르셀로나로 이사를 했다. 그때부터 피카소의 본격적인 미술 공부가 시작되었다. 열네 살 실에 왕립 미술 학교에서 공부했던 피카소는 공부를 모두 했었다. 그리고 ②스무 살이 되기도 전에 프랑스에서 개인전을 열었다.

1901년에는 파리로 건너가 그곳에서 가난한 사람들의 모습을 화가로 복잡하게 겹쳐진 여인들의 모습. 그렇게 처음 내용은 '아비뇽의 아가씨들'이다.

하지만 피카소의 새로운 작품을 본 사람들은 많은 답을 얻지 못했다.

"지금까지는 원근법으로 평면에 입체감을 주었는데……. 하지만 이제 나만의 방법으로 입체감을 주었지." 피카소는 종이에 사람의 앞·뒤·옆 모습을 한꺼번에 그려 넣었다. 옆얼굴에 정면을 보며 붙은 코, 밑모습을 바라보는 눈 그리고 복잡하게 겹쳐진 여인들의 모습. 그렇게 처음 내용은 '아비뇽의 아가씨들'이다.

"지금까지는 원근법으로 평면에 입체감을 주었는데……. 하지만 이제 나만의 방법으로 입체감을 주었지." 피카소는 종이에 사람의 앞·뒤·옆 모습을 한꺼번에 그려 넣었다. 옆얼굴에 정면을 보며 붙은 코, 밑모습을 바라보는 눈 그리고 복잡하게 겹쳐진 여인들의 모습. 그렇게 처음 내용은 '아비뇽의 아가씨들'이다.

그 뒤 피카소는 끊임없이 변화를 거듭해 20세기 최고의 입체파 화가로 평가받았다. 그림뿐만 아니라 ⑤도기, 조각 등 많은 분야에 훌륭한 작품을 남겼다. 「맞멤」, 「꿈」 등이 있다.

피카소는 끊임없는 변화를 거듭해 20세기 최고의 입체파 화가로 평가받았다.

▲ 피카소의 「아비뇽의 아가씨들」

---

1 이 글은 '20세기의 천재 화가'라 불리는 피카소의 삶과 그의 예술 작품을 기록한 전기문입니다.

2 이 글은 피카소의 삶을 시간의 흐름에 따라 소개하는 전기문입니다. 따라서 '인물의 삶을 시간의 흐름에 따라 소개했다.'라는 설명이 적절합니다.

| 오답풀이 | ① 독서 감상문, ③ 편지문, ④ 기행문, ⑤ 논설문의 특징입니다.

3 이 글에 제시된 '아비뇽의 아가씨들'에 대한 설명입니다.

4 2문단을 통해 ⊙ '청색 시대'에서 ⓒ '장밋빛 시대'로 변하면서 피카소의 그림이 한층 밝아지고 감성적으로 변했음을 확인할 수 있습니다.

| 오답풀이 | ⊙은 지문을 통해 주론할 수 없습니다.
③ 인디언과 흑인들의 예술 작품을 보고 충격을 받은 것이지 피카소가 그들을 그린 것이라는 내용은 없습니다.
④ 피카소는 청색 시대나 장밋빛 시대 모두 가지나 죽에사, 악사 등 어려운 삶을 살아가는 사람들의 모습을 그렸습니다.
⑤ ⊙에서 ⓒ으로 변하면서 색깔은 푸른색에서 분홍색으로 바뀌었습니다.

5 「아비뇽의 아가씨들」은 원근법으로 평면에 입체감을 주었던 기존의 방식에서 벗어나 피카소만의 새로운 방법으로 입체감을 표현한 입체주의 최초의 작품입니다.

| 오답풀이 | ①, ②, ③, ⑤는 글의 초록색 부분에서 확인할 수 있습니다.

6 「도라 마르의 초상」을 보면 사람의 한 얼굴에 옆에서 본 모습과 앞에서 본 모습을 한꺼번에 그려 넣고 눈 모양도 좌우가 비대칭으로 그려 넣어 입체감을 주고 있음을 알 수 있습니다. 따라서 이 작품을 보고 실물과 똑같이 그렸다고 감탄한 피카소의 작품을 올바르게 이해했다고 보기 어렵습니다.

세계 최대의 동영상 사이트

[가] 지금은 유튜브 전성시대

스마트폰이 사람들의 일상을 지배하는 사회, 그 중심에 '유튜브(YouTube)'가 있다. ① 문자·전화 중심의 현재에서 스마트폰으로 동영상을 시청하는 ① 등장하지만 ① 등에서 거실에서 텔레비전을 시청하기보다 언제 어디서나 사용할 수 있는 스마트폰으로 원하는 동영상을 보는 것이 하나의 문화로 자리 잡았어요. 현재 우리나라 국민의 유튜브 총 사용 시간은 한 달 기준 258억 분으로, 1인당 월평균 126회, 882분을 유튜브 시청에 할애하는 것으로 나타났습니다. ① 한편 전체 동영상 앱(애플리케이션) 가운데 유튜브의 사용 시간 점유율은 85.6퍼센트로 매우 압도적인 수치를 자랑하죠. ➡ 유튜브의 뜨거운 인기

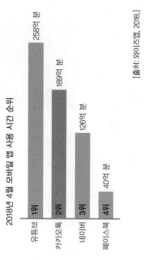

국내 유튜브 사용 시간 추이
* 표본 집단: 안드로이드 폰 사용자 2만 3,000명

2018년 4월 모바일 앱 사용 시간 순위

[출처: 와이즈앱, 2018.]

[나] Z세대의 '갓튜브'

유튜브의 뜨거운 인기에는 동영상 검색이라는 새로운 ⓐ트렌드가 배경으로 작용합니다. 요즈음 최근 해둔 누구나 궁금한 것이 생기면 ⓑ포털 사이트에 들어가 검색 장에 관련 ⓒ키워드를 입력했어요. 그런데 요즈음 ② 유튜브에서 관련 영상을 찾아보는 경우가 흔해졌습니다. 즉, 예전에는 '읽는' 검색을 했다면, 지금은 '보고 듣는' 검색으로 트렌드가 바뀌고 있는 거예요.

이 같은 현상은 어린 연령대에서 더욱 뚜렷하게 나타납니다. 각종 스마트 기기와 ⓓ모바일 환경이 중심이 요즘 10대는 모든 궁금증을 유튜브 동영상 검색으로 해소하고 있어요. 이들을 일컬어 'Z세대'라고 하는데, Z세대는 어려서부터 디지털 환경에 둘러싸여 노출돼 있어 '디지털 네이티브(Digital Native)'라고도 불러요. 이들에게 ⓔ현재 유튜브는 가장 편한 검색 엔진이자 학교이며, 세상을 바라보는 장으로 통합니다. 특히 가정, 학교, 학원 등 제한된 환경에서 생활하는 10대는 세상을 향한 다양한 감정을 유튜브로 해소하려는 경향을 보이죠. ➡ '동영상 검색' 트렌드

[다] 떠오르는 영상의 시대

요즘 10대가 지식 콘텐츠로 텍스트보다 동영상을 선호하는 까닭은 무엇일까요? 문자에 비해 동영상은 많은 양의 정보를 글보다 훨씬 쉽고 빠르게 전달하거든요. 현재 유튜브에는 개인이 올린 다양한 정보들이 있습니다. '드론 날리는 법', '얼마리 자르는 법', '완전하는 법', '꿀팩 싸 빼는 법' 등 실정적이고 다양한 정보들이 실시간으로 ⓔ업데이트되고 있죠. 그러다 보니 일명 ◆하우 투(How-to) 검색을 유튜브가 장악하고 있는 상황입니다. ➡ 10대가 텍스트보다 동영상을 선호하는 까닭: 쉽고 빠른 정보 전달

텍스트 검색보다 동영상 검색이 새로운 트렌드가 된 요즘, 유튜브가 그 인기의 중심에 있다.

---

1 이 글에서는 유튜브가 요즘 인기가 있는 까닭으로 동영상 검색이 새로운 트렌드가 되었기 때문이라고 말하고 있으므로 ③이 알맞습니다.

2 네이버의 사용 시간과 카카오톡의 사용 시간을 합치면 315억 분으로, 유튜브의 사용 시간인 258억 분보다 많습니다.

3 글의 **조목색** 부분에서 확인할 수 있습니다.

[오답풀이] ① 동영상 앱 가운데 유튜브의 사용 시간 점유율은 85.6퍼센트입니다.

② 대부분의 사람들은 유튜브에서 동영상을 검색합니다.

③ '읽는' 검색에서 '보고 듣는' 검색으로 바뀌고 있다고 하였습니다.

4 ⓔ의 '업데이트'는 '실정에 맞지 않거나 낡은 것을 현재 상황이나 특정 환경에 맞도록 변경하는 것'을 의미합니다.

5 과거에는 포털 사이트 검색 장에 관련 키워드를 입력하여 검색하는 '읽는' 검색을 했으나, 요즘에는 유튜브에서 관련 동영상을 찾아보는 '보고 듣는' 검색과 하우투(How-to) 검색으로 트렌드가 바뀌고 있다고 하였습니다.

독해 적용
15회

말 한마디 _ 김갑제

할머니 사진을 열려고 ⌐ 어머니가 상처를 준 사람이
⊙묘을 박던 어머니가 ⌐ '할머니'임을 짐작하게 함.
사물이못
그러났다.

벽에 박힌 ⓛ못이야   못이야
뽑으면 그만이지,   사물이 못
㉮ 무심코 뱉은 말 한마디가
사람 가슴에 ⓒ못질도 하더라.   ⓒ못질을 하더라.
                        남의 마음 속에 입힌 상처

마음은 착한 거라서
빼기 아닌 듯, 싸하게 잊기도 하지만
가슴에 맺힌 말까지
쉬이 잊히는 게 아니란다.

- **구성**: 3연 11행
- **제재**: 못, 말
- **주제**: 무심코 뱉은 말이 좁을 수 있는 마음의 상처. 그런 행동을 한 것에 대한 어머니의 후회와 반성
- **특징**: '못을 박아 버는 상황에 빗대어, 무심코 내뱉은 말로 '못을 박아 할머니 마음에 상처를 주었던 자신의 행동을 후회하고 반성하는 어머니의 마음이 잘 드러나는 시임.

89쪽   90~92쪽

1 싸하다   **2** 맺히다
3 쉬이

1 ①   2 (1) ㉠, ㉡ (2) ㉢
5 ⑤   6 ③

3 ⑤   4 ⑤

1 이 시에서는 무심코 내뱉은 말로 할머니에게 상처를 준 어머니가 자신의 지난 행동에 대해 느끼는 후회와 안타까움이 드러나고 있습니다.

2 ㉠은 사진을 걸기 위해 벽에 박는 대상으로 '사물'인 못을 뜻합니다. ㉡ 또한 ㉠과 같이 벽에 박힌 못이며 뽑을 수 있는 대상으로, '사물'인 못입니다. ㉢은 '무심코 뱉은 말 한마디가 사람 가슴에 상처를 주었다.'는 내용을 비유의 방법으로 나타내며 사용한 것으로 '남의 마음속에 입힌 상처'를 뜻합니다.

3 ㉮에서 '못질'은 문제에 박히는 대상인 '못'의 성질에 빗대어 사람의 마음에 상처를 입혔음을 보여 주는 표현입니다. 따라서 ㉮는 '무심코 뱉은 말이 사람에게 상처를 줌.'을 의미합니다.

4 이 시는 독자에게 '사람이 어떤 말로 인해 한번 상처를 받으면 회복되기가 어렵다.'는 메시지를 전하고 있습니다. 따라서 이 시의 독자가 '누군가에게 상처가 되는 말을 하지 말아야 한다.'는 반응을 보이는 것은 적절하다고 할 수 있습니다.

오답풀이 ①, ② 할머니와 어머니가 대화를 나누는 장면은 나타나 있지 않습니다.
③ 상처를 준 사람은 '어머니'이며, 상처를 받은(혹은 받았을 것으로 짐작되는) 사람은 '할머니'입니다.

5 "미안해" / 이 말을 놓아주고 싶은데'라는 표현으로 미루어 짐작해 볼 때, 말하는 이가 친구에게 용서를 구하고 싶어 한다는 것을 알 수 있습니다.

오답풀이 ② '말을 붙잡아 두려고 했지만 놓쳐 버렸다.'라는 내용에서 말을
잡을 수 있는 대상으로 표현했음을 알 수 있습니다.

6 두 편의 시 모두 '상대에게 무심코 뱉어 버린 말에 대한 후회가 드러나 있습니다.

초등학생에게 학원이 필요할까?

[가] 부족한 공부에 도움을 받거나 외국어, 운동, 미술 등 다양한 경험을 하기 위해 많은 초등학생들이 학원에 다니고 있다. 그러나 학원에 다니는 것은 여러 가지 부작용도 있다. → 문제 상황 제기

[나] 학원은 초등학생에게 스트레스를 주기 때문에 초등학생에게 학원이 필요하지 않다고 생 ← 중심 생각

각한다. 「2016년 제8차 어린이·청소년 행복 지수 국제 비교 연구」보고서에 따르면 우리 나라 어린이의 *주관적 행복 지수는 82점으로, 조사 대상인 *OECD(경제 협력 개발 기구) 회원국 22개 가운데 최저 수준을 기록했다. 주관적 행복 지수는 스스로 생각하는 행복이 정도를 OECD 평균(100점)과 비교해 점수화한 것이다. 그렇다면 왜 우리 학생들의 행복 지수가 이렇게 낮은 것일까? 보건복지부에서 조사한 아동의 스트레스 원인을 보면, 이 원인의 그 까닭을 알 수 있다. 바로 학업 스트레스 때문이다. 이는 지나친 사교육, 즉 학원에 관련이 있다고 할 수 있다.

OECD 국가별 어린이·청소년 행복 지수
(단위: 점, OECD 평균이 100점)

에스파냐	118
오스트리아·스위스	113
덴마크·네덜란드	109
아일랜드	108
스웨덴	107
노르웨이·이탈리아·그리스	105
헝가리·벨기에	89
한국	82

㉠

아동의 5대 스트레스 원인
(단위: 점, 1점 '전혀 그렇지 않다', 4점 '매우 그렇다')

학원·숙제나 시험	성적 때문에 부모님으로부터	부모님과 의견 충돌	부모님의 지나친 간섭	대학 입시에 대한 부담	부모님의 지나친 기대
2.47	2.3	2.25	2.18	2.17	

[출처: 보건복지부, 2016.]

← 근거① 학원이 학생 스트레스를 줌.

[다] 또한, 학원은 학생들이 자기 스스로 공부하지 못하게 만든다. 학원은 학생들이 지나친 선행 하습으로 인하여 학교에서 배우는 내용에 흥미를 잃게 된다. ㉡만화 영화를 보거나 소설을 보거나 소설을 보거나 읽기 전에 결말을 미리 알고 있는 것과 같다. 전문가들 역시 학원에서 이루어지는 선행 하습이 하원에 도움이 되지 않는다고 말한다. 공부는 자신이 주도해야 더 효과적인데, 누군가가 끊임없이 지도하고 점검해 주는 하원에 익숙해진 학생들은 스스로 공부하는 방법을 터득하지 못한다. 따라서 하원에 가지 않고 공부를 준비서도 공부를 하지 못하게 된다. ← 근거② 학원은 스스로 공부하지 못하게 만듦.

[라] 마지막으로, 하원은 학생들의 신체적으로 불안하게 한다. 하원에서 많은 과제를 받으면 아이들은 불안감을 느끼게 되고, 어려운 문제를 풀지 못할 경우 자존감이 떨어질 수도 있다. 스

스로에 대한 불안과 불안이 성격 장애로 이어지거나 돌발 행동을 일으킬 수도 있다. 실제 로 성적을 높이려고 여러 하원에 다니다가 ADHD(주의력 결핍 과잉 행동 장애)나 *반아웃 증후군 등을 앓게 되는 초등학생이 많다. } ← 근거③ 학원은 학생들을 심리적으로 불안하게 함.

[마] 이처럼 하원은 학생들에게 스트레스를 주고 학생을 스스로 공부하지 못하게 하며, 심 리적으로 불안하게 만든다. 따라서 초등학생에게 학원은 필요하지 않다. ← 초등학생에게 학원은 필요하지 않음을 주장 ← 글 전체의 중심 문장

> 초등학생에게 학원은 학생들에게 스트레스를 주고, 스스로 공부하지 못하게 하며, 심리적으로 불안하게 하므로 필요하지 않다.

93쪽

1 행복 지수 2 선행
3 불안

94~96쪽

1 ② 2 ④ 3 ① 4 ⑤ 5 ④
6 (1) 학원 (2) 스트레스 (3) 스스로 (4) 불안

해설

1 이 글은 '초등학생에게 학원은 필요하지 않다.'라고 주장하는 글입니다.

2 ㉠의 그래프에서 볼 수 있듯이 덴마크의 행복 지수는 109이고, 한국의 행복 지수는 82입니다. 덴마크의 행복 지수는 한국의 행복 지수의 두 배, 즉 164보 다 낮기 때문에 '덴마크의 행복 지수는 한국보다 두 배 이상 높다.'라는 설명이 옳지 않습니다.

3 글에서 다룰 주된 내용에 대해 관심을 끌게 하는 것은 논설문의 서론입니다. 가 문단에서는 '초등학생에게 학원은 필요할까?'라며 주제를 하기 위해 '초등학생에게 학원은 필요할까?'라며 문제 제기를 하고 있습니다.

4 ㉡의 '만화 영화를 보거나 소설을 읽기 전에 결말을 미리 알고 있는 것과 같 다.'라는 이미는 지나치게 선행 학습이 하교에서 배우는 내용에 흥미를 잃게 만 드는다는 점을 비유적으로 표현한 것입니다.

5 성민이는 '초등학생에게 학원이 필요하다.'고 주장하고 있습니다. 따라서 이 의견에 반박하기 위해서는 초등학생에게 학원이 필요하지 않다고 주장할 수 있는 근거여야 합니다. '구매'이의 이런은 '학원이 도움이 되는 점'에 대한 것으 로, 제시된 주장을 반박하는 근거로 적절하지 않습니다.

오답풀이) ①, ②, ③, ⑤ 모두 초등학생에게 학원은 필요하지 않다는 주장을 하기 위해 글에서 제시하고 있는 근거입니다.

독해 적용 17회

한국의 풍속화 「파적도」

[가] 풍속화란 이름 그대로 '풍속'을 그린 그림이다. 풍속은 옛날부터 한 사회에 이어져 내려오는 생활 전체의 모습을 뜻하므로, 풍속하는 인간이 살아가는 생활 습관을 소재로 한 그림이라 할 수 있다. 한국의 풍속하는 고구려 고분 벽화에서부터 시작되었지만, 본격적인 발전이 이루어진 것은 조선 후기인 18~19세기에 이르러서였다. 조선 후기의 대표적인 풍속 화가였던 김득신의 그림 「파적도(破寂圖)」를 감상해 보자. ← 풍속화가 대표작인

[나] 김득신은 조선 최고의 풍속 화가이었던 김홍도를 너무나 좋아하여 김홍도의 주제와 기법까지 그대로 따랐다. 그래서 풍속화 분야에서 김홍도의 명성에 버금가는 화가로 평가받는다.

[다] 오른쪽 그림은 「강세진신화」에 들어 있는 작품 중 김득신이 개성이 가장 돋보이는 걸작으로 평가받는 「파적도」이다. 이는 '고요함을 깨트린다.'는 뜻인데, 듣고양이가 한가 롭게 마당에서 놀던 병아리를 물고 잽싸게 도망친다.

[라] 나무에 막 돋은 꽃잎들이 뱃은 듯 따뜻한 봄날, 듣고양이가 한 마리가 느닷없이 나타나 병아리를 물고 달아난다. 화들짝 놀란 암탉과 수탉이 꼬꼬댁 ← 김득신의 「파적도」이다.

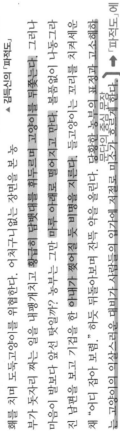

▲ 김득신의 「파적도」

해를 치며 듣고양이를 위협한다. 어처구니없는 장면을 본 두 부가 돗자리 짜는 일을 내팽개치고 황급히 담뱃대를 휘두르며 고양이를 뒤쫓는다. 그러나 마음이 발보다 앞선 탓인가? 놀부가 고양이를 뒤쫓다가 마루 아래로 떨어지는 장면, 아내가 진 남편을 보고 그만 돗자리 짜려던 일을 멈추고 뒤쫓는다. 듣고양이는 꼬리를 치켜세운 채 "어디 잡아 봐라." 하듯 뒤돌아보며 전속 걸음을 옮긴다. 단원의 농부의 표정과 고수레해 ← 「파적도」에 묘사된 장면 는 고양이의 이상스러운 표정가 사람들의 입가에 절로 미소가 머금게 한다.

[마] 한가한 봄날 농가의 「파적도」는 김득신이 일상에 흐르는 이상과 해학을 뛰어난 방법으로 표현했다. ← 김득신과 「파적도」에 대한 평가

97쪽
1 풍속화 2 의심
3 대가

98~100쪽
1 ② 2 ⑤ 3 ② 4 ① 5 ④
6 (1) 생활 습관 (2) 김홍도 (3) 개성 (4) 농부 (5) 생활상

---

1 이 글은 조선 시대 대표적인 화가였던 김득신과 그가 그린 대표작 「파적도」를 설명하고 있는 글입니다.

2 「파적도」의 제목의 의미와 관련 있는 문단은 마 문단으로, '한가한 봄날 농가'의 직막을 깨며 벌어진 사건을 재미있게 구절에서 잘 나타나고 있습니다.

3 ㉠에는 '두 화가의 필법이 닮았다.'는 것을 '국화빵'에 빗대어 표현한 방법이 나타나고 있습니다. 이처럼 '~같이', '~처럼, '~듯이'와 같은 말을 사용하여 두 대상의 공통점을 직접 빗대어 표현하는 방식을 직유법이라고 합니다. ㉡에는 '고양이의 입'을 '꽃가루'에 직접 빗대어 직유법이 나타나고 있습니다.

오답풀이 ①, ④ '~은 ~이다.'와 같은 표현을 사용하여 어떤 대상에 비유하려는 대상을 바로 연결하여 나타내는 은유법이 나타나고 있습니다.

4 글의 초록색 부분에서 볼 수 있듯이, 「파적도」에는 고양이가 병아리를 물고 도 망치는 장면, 농부가 고양이를 뒤쫓다가 마루 아래로 떨어지는 장면, 아내가 비명을 지르는 장면 등 순간적인 장면이 그림에 잘 나타나고 있습니다. 따라서 ㉢에는 '순간적인 상황 묘사에 뛰어난'이라는 내용이 들어가는 것이 가장 적절합니다.

5 나 문단에서 보면 김득신이 김홍도를 너무 좋아하여 김홍도의 주제와 기법까지 그대로 좇아 냈다고 설명하고 있고, 마 문단에서 김득신은 서민들의 생활상과 놀이 문화도 양반 문화 못지않게 가치 있다는 것을 그림으로 중명했던 조선 시대 대표적인 풍속 화가였다고 하였습니다. 따라서 김득신도 김득신처럼 '서민들의 삶과 정서가 드러나는 일상을 담은 작품을 그렸을 것'으로 추론할 수 있습니다.

김득신은 서민들의 생활상과 놀이 문화의 가치를 그림으로 중명한 조선 시대 대표 적인 풍속 화가이다.

독해력 자신감 **19** 정답과 해설

해설

오늘의 불쾌지수는?

101쪽
1 불쾌 2 수증기
3 증발

102~104쪽
1 ④ 2 ① 3 ⑤ 4 ② 5 ④
6 (1) 땀 (2) 열 (3) 수증기 (4) 증발 (5) 불쾌지수

[가] 무더운 여름철, 친구와 가벼운 일로도 감정이 상하거나 누군가와 실랑이가 부딪치기만 해도 불쾌한 느낌을 받은 적이 있을 것이다. 신경은 계속 곤두서 있으며 몸은 끈적끈적하고 짜증을 나는 일이 반복되는 경험 많이다. 이것은 높은 기온과 습도로 인해 불쾌감을 느끼기 때문이다. → 무더운 여름철의 불쾌감

[나] 사람들이 불쾌감을 느끼는 정도를 나타낸 것을 ①불쾌지수라고 한다. 불쾌지수는 기온과 습도에 따라 달라진다. 기온은 공기 온도를 의미하고, 습도는 공기 가운데 수증기가 들어 있는 정도를 의미한다. ②불쾌지수가 높으면 사람들은 불쾌감을 느끼기 쉽고, 불쾌지수가 낮으면 쾌적한 느낌이 들어 불쾌감을 느끼지 않는다는 뜻이다. → 불쾌지수의 의미

[다] 여름철 기온이 높으면 우리 몸은 땀을 흘리게 되고 그 땀이 증발하면서 우리 몸의 열을 빼앗아 간다. 그러나 ③습도가 높으면 공기 중에 수증기가 많아지므로 땀이 증발하지 못하게 되고 그만큼 열을 빼앗지 못해 덥고 끈적끈적한 느낌이 드는 것이다. 따라서, 습도가 높은 장마철에는 불쾌지수가 매우 높다. → 습도가 불쾌지수에 미치는 영향

[라] 우리나라의 경우 불쾌지수가 일반적으로 70~75인 경우에는 약 10퍼센트, 80 이상이면 대부분의 사람이 불쾌감을 느낀다고 한다. 그러나 자신이 86 이상이 되면 대부분의 사람이 참을 수 없는 불쾌감을 느낀다. 그러나 자신이 오랫동안 살아온 지역의 기후의 따라 ④높은 불쾌지수라도 불쾌감을 느끼는 정도가 다를 수 있다.

[마] 사람이 불쾌감을 느끼는 데에는 단순히 기온과 습도뿐 아니라 습을 바람, 그날의 몸 상태 등 다양한 상황들이 영향을 미치기 때문에 불쾌지수가 높다고 해서 꼭 불쾌감을 느끼라고는 할 수 없다. 무덥고 후텁지근한 여름철이라고 미리 불쾌지수를 알고 서로 조심한다면 짜증을 내거나 다투는 일을 줄일 수 있지 않을까?

기온과 습도가 높아져 불쾌지수가 올라가면 불쾌감을 느끼기 쉬우므로 미리 불쾌지수를 알고 서로 조심한다면 짜증 내는 일을 줄일 수 있을 것이다.

1 이 글은 여름철 느끼기 쉬운 불쾌지수에 대해 자세히 설명하고 있는 글입니다. '불쾌지수를 계산하는 방법'은 이 글에서 다루고 있는 내용이 아닙니다.
오답풀이) ①, ②, ③, ⑤는 문단별 요약 내용에서 확인할 수 있습니다.

2 제시된 내용은 글의 '서론'이나 '처음' 부분의 특성에 해당합니다. 이 글에서는 [가] 문단이 뒤에 나올 내용에 대한 흥미와 관심을 끌며 이후 설명할 대상에 대해 나타내는 '서론'에 해당합니다.

3 [다] 문단을 통해 기온과 습도가 높을수록 불쾌지수가 높고, 기온과 습도가 낮을수록 불쾌지수가 낮음을 알 수 있습니다. 따라서 ⑤가 바르게 연결된 것임 니다.

4 기온과 습도가 모두 높아 서울보다 불쾌지수가 높은 지역에서 살다 온 사람은 서울에 사는 사람보다 상대적으로 불쾌감을 적게 느낄 수도 있습니다. 따라서, ⓒ에 들어갈 내용은 '불쾌감을 잘 느끼지 못할 수도 있다.'가 적절합니다.
오답풀이) ① 서울의 불쾌지수가 80 이상인 경우는 기온과 습도가 모두 높은 여름철에 해당하므로, 주의에 해당하지 않습니다. ③ 기온과 습도를 상대적으로 낮다고 느낄 것이므로 '잃을 수 없는 불쾌감을 느낄 것이다.'는 내용은 적절하지 않습니다. ④, ⑤ 기온과 습도가 모두 높은 지역에서 왔기 때문에 높은 기온과 높은 습도에는 익숙해져 있을 것이므로 적절하지 않습니다.

5 우리나라의 경우, 불쾌지수가 70~75 정도인 경우에는 약 10퍼센트, 75~80인 경우에는 약 50퍼센트, 80 이상일 때 대부분이 불쾌감을 느낀다고 설명하고 있습니다. 따라서 '우리나라의 경우, 불쾌지수가 75라면 대부분의 사람들이 불쾌감을 느낀다.'라는 설명은 맞지 않습니다.
오답풀이) ①, ②, ③, ⑤는 글의 초록색 부분에서 확인할 수 있습니다.

텔레비전 속의 세상 읽기

텔레비전은 활용만 잘하면 인간 생활에 매우 유용한 매체이다. 마땅한 힘을 지닐 뿐만 아니라, 시청자가 어떻게 활용하느냐에 따라서 다양하게 쓰일 수 있기 때문이다. → 유용한 매체인 텔레비전

먼저, 텔레비전은 강력한 교육적 기능이 있다. 현대 사회에서 텔레비전은 가장 영향력 있는 사회 교육 교과서의 역할을 한다. 텔레비전을 통해 제공되는 수많은 유용한 내용의 메시지는 시청자에게 올바른 삶을 살아가는 '지표 역할을 할 수 있다. 바람직한 생활의 가치 규범을 가르쳐 줄 뿐 아니라, 언어, 의상, 관습 등 모든 면에서 사회화의 기능을 담당하는 중요한 학습 수단으로 활용될 수 있다. → 텔레비전의 교육적 기능

텔레비전은 또한 상대가 필요한 현대인에게 좋은 친구가 될 수 있다. 진정한 친구는 외로울 때에 좋은 말동무가 되어 주고, 슬플 때에 위로해 주어야 하는데, 텔레비전은 이를 대신해 줄 수 있기 때문이다. 그래서 좋은 텔레비전 프로그램은 진정한 친구가 없는 현대 사회에서 많은 청소년에게 따뜻한 친구 역할을 한다. 좋은 음악 프로그램을 들으면서 아름다운 꿈을 키우기도 하고, 감동적인 드라마를 통해 깊은 내면의 감정을 나누기도 한다. 텔레비전은 다른 어떤 현실 속의 친구들보다도 좋은 친구 역할을 하는 셈이다. 또, 실제 친구들과 나눌 이야깃거리를 제공해 주고, 공통된 화제로 대화를 풀고 가도록 역할을 하기도 한다. → 텔레비전의 친구로서의 기능

텔레비전은 세상을 살아가는 데 필요한 정보를 얻는 ⑦창구이기도 하다. 신속하고 정확하게 정치, 경제, 사회, 문화 등 다양한 정보를 전달해 주는 중요한 기능을 수행한다. 우리는 텔레비전을 통해 세상을 살아가는 데 필요한 각종 소식을 접할 수 있다. 텔레비전 속의 수많은 정보는, 시청자들이 필요에 따라 마다 올바르게 '취사선택할 경우, 중요한 지식을 제공하는 기능을 한다. 텔레비전을 비롯한 수많은 정보 가운데 이를 적절히 선택할 수 있도록 도와주는 기능을 하기 때문이다. 특히 텔레비전은 수많은 정보 가운데 이를 적절히 선택할 수 있도록 도와준다는 점에서 유용하다. → 텔레비전의 정보 전달 기능

이 밖에도 텔레비전은 여러 형태의 정제 '활성화와 문화 창조 및 '전승, 여론 조성 등 매우 다양한 기능을 수행하고 있다. 이를 잘 활용할 때, 엄마든지 문명의 이기로 쓸 수 있는 매체라는 사실에 우리는 주목해야 한다. → 다양한 기능을 행하므로 잘 활용하면 매우 유용한 텔레비전

텔레비전은 교육적 기능, 친구로서의 기능, 정보 전달 기능 등 다양한 기능을 행하므로 잘 활용하면 매우 유용한 매체이다.

105쪽

1 매체   2 사회화
3 이기

106~108쪽

1 ①   2 ③   3 ③   4 ③   5 ④
6 (1) 매체 (2) 교육적 (3) 친구 (4) 정보 (5) 이기

1 텔레비전의 교육적 기능, 친구로서의 기능, 정보 전달 기능 등 '텔레비전의 기능'에 대해 말하고 있는 글입니다.

오답풀이 ② 텔레비전 프로그램이 다양한 기능을 한다는 내용은 나타나고 있으나, 텔레비전의 프로그램을 소개하는 글은 아닙니다.
③ 텔레비전을 통해 얻어지는 효과에 대해서는 나타나고 있으나, 그것의 문제점에 대해서는 나타나지 않았습니다.
④ 텔레비전을 잘 활용하면 인간 생활에 매우 유용하다는 내용은 나타나고 있으나 텔레비전을 활용하는 방법을 소개하는 글은 아닙니다.
⑤ 학습 수단으로서의 텔레비전은 2문단에만 나타나고 있으므로, 그것이 이 글 전체의 글감이 될 수는 없습니다.

2 글쓴이는 텔레비전에는 다양한 기능이 있으므로 우리가 잘 활용한다면 '텔레비전은 유용한 매체'라는 점을 강조하고 있습니다.

3 이 글은 텔레비전이 유용한 매체임을 말해 주는 글로, 텔레비전의 다양한 기능을 열거하여 나타내고 있습니다.

4 '주간 클릭! 북한'은 지금은 북한에 대한 정보를 얻을 수 있는 프로그램이므로 ⑦ '텔레비전은 세상을 살아가는 데 필요한 정보를 얻는 창구'라는 설명과 가장 어울리는 프로그램입니다.

오답풀이 ①, ⑤ 오락 수단으로서의 텔레비전의 기능에 알맞은 프로그램입니다.
②, ④ 현대인에게 친구가 되어 줄 수 있는 텔레비전의 기능에 해당합니다.

5 이 글의 글쓴이는 텔레비전은 매우 유용한 매체라고 보며 긍정적인 관점을 보이고 있습니다. '저건'이도 텔레비전에 대해 긍정적인 관점을 보이고 있습니다.

독해 적용 20회

다이달로스와 이카로스 _ 한도훈

109쪽

1 성과 **2** 밀랍
3 예감

110~112쪽

1 ④ **2** ② **3** ③ **4** ①
5 기문
6 (1) 깃털 (2) 태양 (3) 날개 (4) 죽음

앞줄거리 크레타섬에서 미노스를 위해 한시도 쉬지 않고 일하던 다이달로스는 자신이 미노스의 노예나 다름없다는 생각을 한다. 그래서 그는 새의 깃털로 날개를 만들어 섬을 탈출하기로 한다. 드디어 날개를 완성한 다이달로스는 섬을 탈출하기에 앞서 아들 이카로스에게 너무 바다 가까이도, 너무 태양 가까이에도 날지 말 것을 경고한다.

먼저 다이달로스가 힘차게 성곽을 박차고 날아올랐다. 뒤이어 이카로스도 날아올랐다. 이카로스가 날갯짓을 열심히 하며 한껏 힘찬 미소를 머금은 채 다이달로스 곁으로 다가왔다.

"아버지! 저 아래 마을들이 손바닥만 한데요."

"지금은 경치를 즐길 때가 아니다. 너무 높이 올라가지 마라."

그러나 ⊙이카로스는 나는 데 정신이 쏠려 말한 다이달로스가 하는 말이 하나도 귀에 들어오지 않았다.

이카로스는 다이달로스의 말을 제대로 듣지 않음.

지상에서는 사람들이 그들의 모습을 지켜보며 감탄하고 있었다. 사람들은 ⊙그들이 올림포스에서 지상으로 내려오는 신들인 줄 알고 연신 허리를 굽히며 기도를 올리고 있었다. 이카로스는 날개를 달고 하늘을 나는 것이 그렇게 신기할 수가 없었다. 세차게 가볍게 날아가는 자신의 배우 매우 매혹스러웠다. 하늘 높이 올라갈수록 깃털이 공명만큼 보였다. 그래서 자꾸만 더 높이 올라갔다. 그러나 이카로스는 이글이글 타오르는 태양 가까이 올라갔다. 하지만 아직도 이카로스는 자신이 위험한 상황에 부닥쳐 있다는 사실을 깨닫지 못했다. 다만 몸에 뜨거운 열기가 열쳐 와 이제 조금씩 내리다가 불과 날개가 떨어져 어깨에서 땀이서 나갔다. 그리고 그와 동시에 이윽고 태양 별에 덥힘으로 붙여 놓은 날개가 어깨에서 떨어져 나갔다.

이카로스도 마지 화살을 맞은 새처럼 팔로 공중을 허우적거리다 곁에 질린 비명을 지르며 바다로 떨어지고 말았다. 바다 위에는 벗어진 깃털들이 산산조각이 난 채로 흩어져 있었다. 그런데 아들 이카로스가 보이지 않았다. 불길한 예감이 ◆요동을 치고 있었다. 그리고 그 위로 새의 깃털이 무수히 흩어져 있었다. 다이달로스는 목이 터져라 아들을 불렀다. 그러나 파도 소리 외에는 아무 소리도 들리지 않았다.

"이카로스! 이카로스!"

"이 녀석이 도대체 어디로 갔단 말이냐?"

다이달로스는 해안가에 날개를 접고 내려앉았다. 그러고는 해안가를 미친 듯이 훑기 시작했다. 한참을 헤매고 있을 때 시커먼 물체가 바닷물에 떠밀려 왔다. 가까이 가 보니 이카로스였다. 조금 전까지만 해도 그렇게 명랑했던 아들이 순식간에 시체로 변해 바닷물에 떠밀려 왔던 것이다. 다이달로스는 너무 갑작스럽게 당한 일이라 눈물조차 흘릴 수가 없었다. 다이달로스는 멍하니 이카로스의 시체를 바라보다가 시체를 보듬어 안고 둘판으로 나아갔다. 가슴이 찢어질 것만 같았다. 그렇게 주먹을 쥐었는데도 이카로스가 하늘 높이 날아오르고만 것이다.

다이달로스는 날개를 떼어 버렸다.

→ 이카로스의 시체를 발견한 다이달로스는 자신의 날개를 떼어 버림.

이카로스가 아버지의 말을 듣지 않고 높이 올라가서 날개가 떨어져 죽고 만다. 이에 다이달로스는 몹시 슬퍼하며 자신의 날개를 떼어 버린다.

1 아버지의 경고에도 불구하고 계속 하늘 높이 오르려던 이카로스의 모습에서 '부주의하고 자만심이 있는 성격'을 알 수 있습니다.

→ 이카로스는 자만심에 빠져서 지꾸만 하늘 높이 올라감.

2 이카로스가 다이달로스의 말을 제대로 듣지 않음으로써 하늘 높이 날다가 결국 죽음을 당했으므로 ⊙은 '이카로스의 불행을 암시한다.'고 볼 수 있습니다.

3 날개를 달고 하늘을 날고 있는 모습 때문에 사람들은 이카로스와 다이달로스를 신이라고 생각했습니다.

4 이카로스는 더 높이 날아보려는 헛된 욕심 때문에 결국 죽음에까지 이르게 되었으므로, 이카로스를 통해 얻을 수 있는 교훈은 '헛된 욕심을 부리지 말아야 한다.'는 것입니다.

5 이 글은 그리스 로마 신화의 일부로서 신성한 인물들의 이야기를 담고 있다고 볼 수 있지만, 사람이 날개를 달고 하늘을 난다는 설정은 비현실적이라고 볼 수 있습니다. 따라서 사실적이고 현실적인 내용으로 감동과 교훈을 주고 있다는 '기문'의 말은 옳지 않습니다.

→ 이 글은 그리스 로마 신화의 일부로서 신성한 인물들의 이야기를 담고 있음.

독해 적용 21회

가격은 어떻게 결정될까?

우리는 필요한 물건을 사기 위해서는 돈을 내야 합니다. 이때 내야 하는 돈이 않을 가격이라고 합니다. 그렇다면 상품의 가격은 어떻게 정해지는 것일까요? 물건을 만드는 사람이 받고 싶은 *금액을 정하는 것일까요? 아니면 물건을 살 사람이 내고 싶은 금액을 정해 주는 걸까요? 정답은 "모두 그렇지 않다."입니다. 상품의 가격은 바로 수요와 공급에 의해 결정됩니다. →상품의 가격은 수요와 공급에 의해 결정됨.

ⓖ수요란 어떤 상품을 일정한 가격에 구매하고자 하는 것을 말합니다. 그리고 공급이란 어떤 상품을 일정한 가격에 팔려고 하는 것을 말합니다. 상품의 가격은 수요와 공급이 맞물려지는 지점에서 정해집니다. 그런데 여기서 수요와 공급이 맞물려진다는 것은 무슨 의미일까요? →상품의 가격은 수요와 공급이 맞물려지는 지점에서 정해짐.

수요와 공급은 늘어날 수도 있고 줄어들 수도 있습니다.(2)어떤 상품의 수요가 늘었다는 것은 그 상품을 사려는 사람들이 시장에 더 많이 나왔다는 것을 의미합니다. 반대로 수요가 줄었다는 것은 그 상품을 사려는 사람들이 더 적어졌다는 뜻입니다. 공급이 늘었다는 것은 판매할 물건이 더 많이 나왔다는 뜻이고, 또한,(3)공급이 줄었다는 것은 판매할 물건이 더 적어졌다는 뜻입니다.

대화의 내용은 수바 농사가 풍년이 들어 많은 양의 수박이 시장에 나와 가격이 싼 상황을 나타낸 것입니다. 따라서 ⓛ배추를 사려는 사람들이 많아지게 되면 배추 가격이 오르고 그 반대의 경우에는 가격이 내리는 것처럼 수요가 늘어나면 가격은 오르게 되고 수요가 줄어들면 가격은 떨어지게 됩니다. 또한 *풍년이 들어 배추 생산이 늘어나면 가격이 오르고, 그와는 반대로 →풍년이 들어 생산이 늘어나게 되면 배추 가격이 떨어지게 됩니다. 공급이 늘면 가격은 내려가고 공급이 줄어들면 가격은 오르게 되는 것입니다. →수요 공급에 따른 상품의 가격 결정의 예

가격은 수요와 공급의 변화에 따라 오르내리며 수요와 공급이 균형을 이루는 곳에서 결정된다.

113쪽

1 가격	2 수요
3 공급	

114~116쪽

1 ⑤	2 (1) ○ (2) × (3) ○ (4) ×	3 ④
4 ④	5 ④	6 해설 참조

1 이 글에서는 상품의 가격이 결정되는 이유를 배추의 수요와 공급이 늘어나고 줄어듦에 따라 배추의 가격이 결정된다는 것을 예로 들어 설명하고 있습니다. 하지만 '배추의 가격이 오르거나 떨어졌을 때 일어나는 현상'에 대해서는 설명하고 있지 않습니다.

2 글의 조목세 부분에서 확인할 수 있습니다.
(1) 이 글에서는 수요와 공급의 의미를 설명하고 있습니다.
(2) 어떤 상품의 수요가 늘었다는 것은 그 상품을 사려는 사람들이 더 많아졌다는 것을 의미합니다.
(3) 공급이 늘어났다는 것은 판매할 물건이 시장에 더 많이 나왔다는 것을 의미합니다.
(4) 배추의 생산이 늘어나면 배추의 공급량이 늘어나고, 그렇게 되면 배추의 가격은 떨어지게 됩니다.

3 풍년이 들어 배추의 생산이 풍년이 들어 많은 양의 수박이 시장에 나와 가격이 싼 상황을 나타낸 것입니다. 따라서 '공급이 늘어나면 가격이 떨어진다.'는 설명과 가장 관련 있는 상황입니다.

4 ⓖ은 수요의 뜻을 분명히 밝혀 구성하는 '정의'의 설명 방식을 사용하고 있고, ⓛ은 수요의 변화에 따른 가격의 오르내림을 배추를 사려는 사람이 많아지게 되는 경우와 그렇지 않은 경우를 '예시'로 들어 설명하는 방식을 사용하고 있습니다.

5 이 글의 내용과 같이 수요와 공급의 변화에 따른 가격 변동을 알맞게 나타내면서, 가격의 결정 지점임을 나타내는 수요와 공급이 만나는 지점에 있는 그래프는 ④의 그래프입니다.

6 **예시답안** 가격은 수요와 공급이 균형을 이루는 곳에서 결정된다.

냉장고의 두 얼굴

117쪽

1 생태계 2 가공식품
3 폐해

118~120쪽

1 ④   2 ③   3 ②   4 ④   5 ④
6 (1) 이웃 (2) 각박 (3) 전기 (4) 생태계 (5) 건강

1 이 글은 냉장고 사용으로 인해 인정이 사라지고, 생태계의 균형이 무너지고 있으며, 사람들이 각박한 사람들로 변하고 있고, 우리의 건강을 위협하고 있다고 말하고 있습니다. 즉, '냉장고의 등장으로 생겨난 여러 가지 폐해'에 대해 말하고 있는 글입니다.

2 글쓴이는 냉장고의 등장으로 생겨난 여러 가지 폐해에 대해서 이야기함으로써 냉장고를 당장에 버리자는 것은 아니지만 우리의 냉장고 사용 습관을 한 번쯤 되돌아보자고 말하고 있습니다. 마지막 문단의 끝부분에 글 전체의 중심 생각이 잘 나타나 있습니다.

3 ㉠의 원인은 바로 다음 문장에 나타나고 있습니다. 즉, '냉장고에 음식을 넣어 두면 일주일이고 한 달이고 내 식구만 먹는 것이 가능해졌기 때문에 이웃과 나누어 먹던 풍습이 사라지게 된 것입니다.

4 4문단에서 냉장고로 인해 먹을 음식이 넘쳐나지 않은 가난한 나라에서도 음식이 버려지고 있다고 하였으나, 가난한 사람들이 먹을 음식이 부족해진다고 하지는 않았습니다.

오답풀이 ①, ②, ③, ⑤는 글의 <mark>초록색 부분</mark>에서 확인할 수 있습니다.

5 3문단에 보면, 냉장고는 당장 필요 없는 고기나 생선을 사게 함으로써 애꿎은 생명을 죽게 만든다고 말하고 있습니다. 그러나 '수진이'는 '맨 앞 한 일정에서 물고기를 말하고 있으므로, 글쓴이의 생각과는 다른 생각을 하고 있습니다.

냉장고는 현대 가정의 필수품이다. 요즘 사람들은 냉장고 없이 사는 것은 아예 상상도 해 보지 않았을 것이다. 그래서 냉장고로 인해 소중한 것들을 잃어 가며 살고 있다거나 일부 심각한 문제들이 발생하고 있다는 생각은 더더욱 하지 못한다. 여기서는 우리가 미처 생각하지 못했던 냉장고의 부정적인 측면에 대해 알아보자.
→ 우선 냉장고가 있으면 언제 전기를 낭비하게 된다.

그러나 가장 심각한 손실은 인정을 잃는다는 데 있다. 냉장고가 없던 시절에는 식구가 먹고 남을 정도의 음식을 만들거나 얻게 되면 미련 없이 이웃과 나누어 먹었다. 그런데 ㉠이웃과 나누어 먹던 풍습이 사라졌다. 냉장고에 음식을 넣어 두면 일주일이고 한 달이고 내 식구만 먹는 것이 가능해졌기 때문이다.
→ 냉장고의 부정적 측면 ① 전기를 낭비하고
→ 냉장고의 부정적 측면 ② 이웃과 나누어 먹을 음식(인정)이 사라짐.

또한, 냉장고는 우리가 당장 소비할 필요도 없는 것들을 사게 만든다. 대부분의 가정집 냉장고에는 양의 차이는 있지만, 쇠고기, 돼지고기, 생선 등 다양한 생명들이 냉동되어 있을 것이다. 이것을 전국적으로, 아니 전 세계적으로 따져 보면 엄청난 양이 냉장고에 들어 있을 것이다.
→ 이웃과 나누어 먹을 풍습이 사라지게 된 것이다.
→ 냉장고의 부정적 측면 ④ 생태계의 균형을 무너뜨린다.

그런데 이러한 냉동실 보관 음식들은 전기를 잡아먹고 대부분 쓰레기통으로 나온다. 이렇게 해서 생태계의 균형이 무너진다.

여기가 일쑤다. 이런 현상은 잘사는 나라뿐 아니라 먹을 음식이 넘쳐나지 않은 가난한 나라에서도 일어나고 있다. 물고기를 잡아 시장에 내다 팔고 집 안 냉장고에 넣어 두고 혼자만 잘 먹고 잘살 나라마다 자기 집 냉장고에 넣어 두면 음식이 부족해지는 것이다. 우리가 필요 없는 것까지 보관했다가 버린다는 것은 세계 어디선가의 수많은 사람들을 각박한 사람들로 변하게 하고 있는 것이다.
→ 냉장고의 부정적 측면 ③ 각박한 사람들로 변하게 됨.

개다가 냉장고 안에 오랫동안 넣고 먹는 음식들은 대부분 우리의 건강과 가공식품을 먹는 여성은 그렇지 않은 여성보다 결장암에 걸릴 위험이 1.5배나 높다고 한다. 그것은 음식을 가공할 때 각종 해로운 물질이 생성될 뿐 아니라 유해한 물질을 흡수해 섬유질 같은 배설 축진 물질이 제거되기 때문이다.
→ 냉장고의 부정적 측면 ⑤ 우리의 건강을 위협함.

그렇다고 냉장고를 당장에 버리자는 것은 아니다. 다만 ㉡우리의 냉장고 사용 습관을 되돌아보자는 것이다.
→ 우리의 냉장고 사용 습관을 되돌아보자. 글쓴이의 중심 문장

냉장고의 등장으로 생겨난 폐해를 인식하고, 우리의 냉장고 사용 습관을 되돌아보자.

해양 생태계 파괴의 주범, 플라스틱

121쪽

1 위협   2 분해
3 미세

122~124쪽

1 ⑤   2 ①   3 ②   4 ⑤   5 ②
6 (1) 돌고래 (2) 바다거북 (3) 분해 (4) 바다 (5) 미세

【 진행자: 】 최근 우리나라를 포함한 세계 각국에서 플라스틱 사용을 줄이자는 움직임이 일어나고 있습니다. 오늘은 해양 생태계 전문가를 모셔서 이와 관련된 이야기를 해 보고자 합니다. OOO님, 안녕하세요?

전문가: 안녕하세요? → 플라스틱 사용을 줄이려는 움직임

【 진행자: 】 최근 플라스틱 사용이 문제가 되는 까닭은 무엇일까요? 사실 플라스틱을 사용한 것이 어제오늘의 일만은 아닌데 말입니다.

전문가: 얼마 전 태국의 해안가에서 사체로 발견된 돌고래의 뱃속에서 무게가 8킬로그램에 달하는 80여 개의 비닐봉지가 나온 일이 있었습니다. 또 죽구멍에 빨대가 낀 바닷거북이 발견되기도 하면, 플라스틱을 먹고 죽어가는 바닷새가 연간 100만 마리에 ⑤의 [플라스틱에 의한 해양 생태계 파괴 사례] 달합니다. 이처럼 플라스틱이 전 세계의 해양 생태계를 파괴하고 있습니다.

【 진행자: 】 심각한 일이군요. 그렇다면 왜 유독 플라스틱이 해양 생태계를 위협하고 있는지 구체적으로 말씀해 주시겠습니까?

전문가: 먼저 플라스틱은 쉽게 분해되지 않고 바다에 버려지기 때문입니다. 우리가 커피를 마실 때 쓰는 일회용 컵과 빨대는 단 몇 시간 만에 수백 개가 버려지지만, 그 플라스틱이 분해되는 데에는 500년 이상의 시간이 걸립니다. 이런 플라스틱들이 바다 위에 떠 있다 해양 동물들이 코나 입에 들어가 목숨을 잇어가는 것입니다.

또 다른 문제는 바로 ㉢미세 플라스틱입니다. 바닷속 플라스틱은 ①파도나 바람 등에 의해 잘게 부서집니다. 특히 ②5밀리미터 이하의 미세 플라스틱은 ③돌고래를 ◆마모되고 파손되어 잘게 부서집니다. 수백 개가 버려지지만, 그 플라스틱이 분해되는 데에는 ④이러한 미세 플라스틱이 해양 동 물의 먹이가 되어 몸에 축적될 뿐 아니라 ⑤우리들의 식탁에까지 올라오고 있다는 것입니다. ↑ 플라스틱이 해양 생태계에 위협이 되는 까닭

【 진행자: 】 네, 말씀 감사합니다. 플라스틱이 해양 생활 속에서 플라스틱의 사용을 줄이도록 노력해야겠습 니다. 다음 시간에 찾아뵙겠습니다. → 플라스틱의 사용을 줄이려는 노력 당부

플라스틱의 위협으로부터 해양 생태계를 보호하기 위해 플라스틱의 사용을 줄이자.

---

1 이 글은 플라스틱 사용으로 인해 해양 생태계가 파괴되고 있기 때문에 '플라스틱이 해양 생태계를 파괴하고 있다.'고 주장하는 글입니다.

2 앞의 내용과 비슷한 것을 나열할 때 이어주는 말로 쓰이는 것은 '또한'입니다.
오답풀이 ② 그러나: 앞의 내용과 반대되는 내용을 이어줄 때 쓰는 말
③ 왜냐하면: 뒤 문장이 앞 문장의 원인이 될 때 쓰는 말
④ 그러므로: 앞의 내용이 뒤의 내용의 까닭이나 원인, 근거가 될 때 쓰는 말
⑤ 예를 들어: 앞의 내용에 대한 예시를 들어 설명할 때 쓰는 말

3 ㉠에 쓰인 '이르다'의 의미는 '어떤 정도나 범위에 미치다.'입니다. 이 의미와 같은 의미로 사용된 것은 '그의 키는 190센티미터에 이르렀다.'입니다.
오답풀이 ①, ③, ④는 '맨 앞이나 기준을 잡은 때보다 앞서거나 빠르다.', ⑤는 '~에게 무엇이라고 말하다.'라는 뜻으로 쓰였습니다.

4 ㉢'미세 플라스틱'은 해양 동물의 먹이가 되어 몸에 축적될 뿐만 아니라 우리의 식탁까지 올라오고 있어, 우리의 삶까지 위협하고 있다고 설명하고 있습니다. 따라서 '인간에게는 큰 영향을 미치지 않는다.'는 설명은 옳지 않습니다.
오답풀이 ①, ②, ③, ④는 글의 조목색 부분에서 확인할 수 있습니다.

5 이 글에서는 해양 생태계를 보호하기 위해 우리 모두 생활 속에서 플라스틱의 사용을 줄이도록 하였습니다. 그러나 플라스틱 제품을 만드는 것을 금지해야 한다는 '현준'이의 주장은 글의 내용에서 확인할 수 없습니다.

노 키즈 존이 필요한가?

125쪽

1 줄임　2 소란
3 억지

126~128쪽

1 ⑤　2 ⑤　3 ③　4 ⑤　5 ④
6 (1) 정당 (2) 자유권 (3) 불특정 (4) 억지

①최근 어린이와 함께 온 손님을 받지 않겠다는 이른바, ㉠'노 키즈 존(No Kids Zone)'이 생기고 있습니다. ②음식점이나 가게 주인들은 아이들이 소란을 피워 다른 손님들에게 피해를 준다는 까닭으로 노 키즈 존에 찬성하는 입장입니다. 그러나 노 키즈 존이 과연 정당한지는 생각해 보아야 할 문제입니다.
　[→노 키즈 존이 생기고 있는 문제 상황]

③노 키즈 존은 어린이와 함께 온 손님들의 자유권을 침해하는 것입니다. 노 키즈 존 중심 내용 ㉡어린이라는 까닭만으로 누구나 출입할 권리가 있다는 기본적인 국민의 권리를 침해해 하는 것입니다.
　[→문제점 ① 자유권을 침해함.]

또한, 노 키즈 존은 ㉢불특정 어린이를 문제가 될 수 있는 사람으로 규정지어 버립니다.
㉣노 키즈 존에 찬성하는 사람들은 어린이들의 시끄러워서 다른 사람들에게 피해를 줄 수 있다고 생각합니다. 그러나 ㉤일부 어린이가 소란을 일으킨다고 해서 모든 어린이를 문제의 시선으로 바라보는 것은 바람직하지 않습니다.
　[→문제점 ② 불특정 어린이까지 차별함.]

게다가 어린이는 우리가 보호하고 배려해야 하는 사회적 약자입니다. 여섯이 함께하는 공간에서 따르게 행동을 한다면 좋겠지만, ⑤어린이는 아직 미성숙한 존재라 오냐둥한 참을성 있는 자제력과 무엇이 옳고 그른지 판단하는 능력이 어른들에 비해 아직 부족한 게 당연합니다. 따라서 ㉥이들이 옳고 그름을 깨닫고 스스로 행동을 자제할 수 있도록 사회 구성원들이 배려하고 도와주어야 합니다.
　[→문제점 ③ 어린이를 보호하고 배려해야 함.]

어린이들이 불편을 일으킬 수 있다는 까닭으로 사회의 특정 영역을 구분 짓는 것은 오히려 더 큰 분열을 만들 수 있습니다. 따라서 ㉦노 키즈 존을 만드는 것은 정당한 사회 현상이라고 볼 수 없습니다. 글쓴이의 중심 문장 노 키즈 존으로 어린이의 출입을 금지하고 이용을 제한하기보다는 좀 더 나은 해결 방법이 없는지 고민해 볼 때입니다.
　[→정당한 사회 현상이 아님.]

---

1 이 글은 노 키즈 존을 만드는 것이 정당한 사회 현상이 아님을 주장하면서, 노 키즈 존으로 어린이의 출입을 금지하고 이용을 제한하기보다는 좀 더 나은 해결 방법을 고민해야 한다고 주장하는 글입니다.

2 ㉦은 이 글의 '주장'을 나타내는 문장이며, 주장에 대한 '근거'로 제시한 것이 ㉡, ㉢, ㉥입니다. ㉠은 주장이나 주장에 대한 근거가 아니라 문제 상황을 제시한 것입니다.

3 글쓴이는 주장을 뒷받침하기 위해 노 키즈 존으로 인해 발생하는 문제점을 2~4문단에서 자세히 설명하고 있습니다.

4 어린이는 아직 미성숙한 존재로 스스로 행동을 통제하고 상황에 대처하기 어렵다고 이야기하고 있기 때문에 어린이가 성숙한 존재라고 한 ⑤가 알맞지 않은 설명입니다.

오답풀이 ①, ②, ③, ④는 글의 조론색 부분에서 확인할 수 있습니다.

5 이 글에서 글쓴이는 노 키즈 존에 반대하는 입장을 나타내고 있으므로 우리 식당에 온 다른 손님들을 위해 노 키즈 존이 필요하다고 하는 '회장'이의 관점은 글쓴이와 같은 관점이라고 볼 수 없습니다.

노 키즈 존을 만드는 것은 정당하지 못한 사회 현상이므로 다시 생각해 봐야 한다.

홀로 빙그레 _ 기동근

서릿발 ◆삼동이
시간적 배경이「겨울」임을 알 수 있는 표현
공간적 배경이「부엌」임을 알 수 있는 표현
환갑 지난 할머니

곰돌이 피가 맺혀
손이 아려도,
◆썩은새 연기로
눈물이 흘러도,
앞자마루 닦으시며 ── 할머니의 고된 생활상을 보여 주는 표현

홀로 빙그레

대구에
이들이 심고
손주가 크다는…… ── 할머니가 웃는 까닭

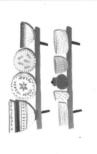

•구성: 6연 12행
•제재: 할머니
•주제: 자식과 손주를 사랑하는 할머니의 마음
•특징: 추운 겨울에 고된 삶을 살면서도 자식과 손주를 떠올리며 홀로 웃음 짓는 할머니의 모습을 통해 자식과 손주를 사랑하는 할머니의 따뜻한 마음을 짐작해 볼 수 있음.

129쪽

1 빙그레 2 서릿발
3 어리다

130~132쪽

1 ① 2 ② 3 ③,④ 4 ⑤
5 ② 6 ⑤

---

1 이 시의 시간적 배경을 나타내는 시어는 '서릿발', '삼동'으로 추운 계절을 나타내고 있습니다.

2 '부엌일'이라는 시어를 통해 이 시의 공간적 배경은 부엌임을 알 수 있습니다.

3 3연에서 할머니가 눈물을 흘린 까닭은 연기에 눈이 매웠기 때문이지, 이들을 떠나보낸 슬픔 때문이 아니므로 ③은 적절하지 않습니다. 또한, 4~5연에서 할머니가 웃음을 짓는 까닭은 부엌일에 대한 할머니의 만족감 때문이 아니라, 멀어져 지내고 있는 이들과 손주를 떠올렸기 때문이므로 ④도 적절한 설명이라고 할 수 없습니다.

4 1연의 '서릿발 삼동에'로 미루어 짐작해 볼 때, 시의 상황은 추운 계절임을 알 수 있습니다. 따라서 ⑤에서 '할머니께서 지내시는 곳이 몹시 더운 것 같다.'라는 내용은 잘못된 부분입니다. '몹시 추운 계절, 주위에 유의하시라.'라는 내용이 적절하다고 볼 수 있습니다.

5 2~3연에서 '여섯 남매 / 꿈을 무는 / 바늘귀에 실로 꿰어 // 밤새 내 / 슨을 돌리신다.'는 여섯 남매가 잠든 사이 자식을 위해 밤세 밤새 바느질을 하시는 어머니의 모습을 나타낸 표현입니다.

6 두 시에서는 공통으로 '자식을 위해 희생하고, 자식을 사랑하는 부모의 마음'이 잘 드러나 있습니다.

오답풀이 ② 「홀로 빙그레」에서 할머니의 고된 삶과「어머니」에서 밤세 바느질을 하는 어머니의 모습에서 경제적 어려움을 느낄 수 있으나, 작가가 전달하고자 하는 주제라고 보기 어렵습니다. 또한「어머니」는 홀로 사는 노인의 문제를 다룬 것이 아니므로 공통적인 주제로 적절하지 않습니다.

경기장 위의 신사, 스포츠맨십

133쪽

1 공정 2 승복
3 경쟁

134~136쪽

1 ⑤ 2 ② 3 ① 4 ② 5 ④
6 (1) 스포츠맨십 (2) 요트 (3) 조작 (4) 승자

우리는 야구나 축구 등 운동 경기를 할 때 스포츠맨십을 가지고 정정당당하게 경기에 임해야 한다고 말합니다. 여기서 ①스포츠맨십이란 운동선수가 지녀야 하는 바람직한 정신 자세를 가리킵니다. ⑤훌륭한 스포츠맨십을 가진 선수는 공정하고 정직하게 승부를 겨루며, 상대 선수에게 예의를 지키는 것은 물론 승패를 떠나 결과에 승복합니다. 우리는 전 세계 선수들이 메달을 놓고 경쟁하는 올림픽과 같은 큰 경기에서 진정한 스포츠맨십이 무엇인지 알 수 있는 장면들을 만날 수 있습니다. → 스포츠맨십의 의미

1988년 서울 올림픽에서 열린 요트 경기에 캐나다의 로렌스 르무 선수가 출전하였습니다. 캐나다가 2위로 달리며 결승선을 향해 갈 때, 강풍으로 높은 파도가 일며 싱가포르 요트가 뒤집혔습니다. 이를 본 르무 선수는 망설이지 않고 바로 물에 뛰어들어 싱가포르 선수들을 구조했습니다. 결국 캐나다는 22위로 결승선에 들어와 메달을 따지 못했습니다. 하지만 르무 선수는 자신의 생명보다 상대 선수의 생명을 더 소중하게 생각한 로렌스 선수의 스포츠맨십은 전 세계에 감동을 주었습니다. → 진정한 스포츠맨십의 사례 ①

2018년 평창 올림픽에서는 스피드 스케이트 경기가 끝난 후, ⑦2위로 들어온 우리나라 선수와 1위를 차지한 일본 선수가 서로 들어안으며 웃음을 터뜨렸습니다. 두 선수는 금메달이라는 같은 목표로 치열한 경쟁을 펼쳤습니다. 하지만 메달을 따기 위한 고된 훈련과 노력을 누구보다도 잘 알고 있었기 때문에 경기가 끝난 후 서로를 안으며 축하와 위로의 말을 건넸던 것입니다. 그들이 포옹하며 나눈 눈물은 전 세계인에게 승패를 떠난 진정한 스포츠맨십이 무엇인지를 보여 주었습니다. → 진정한 스포츠맨십의 사례 ②

그러나 우리는 가끔 스포츠맨십이 사라진 경기를 보기도 합니다. ④더 좋은 성적을 내려고 금지 약물을 먹어 메달을 ⓒ박탈당하기도 하고, 유리한 조건에 들어가기 위해 승부를 조작하기도 합니다. 운동선수로서 지켜야 할 스포츠맨십보다 승리에 대한 개인의 욕심을 더 중요시한 것입니다. → 스포츠맨십이 무너진 사례

운동 경기는 승리를 목표로 하지만 승리만이 최선은 아닙니다. 승부에 집착하는 것보다 스포츠맨십을 가지고 열심히 경기에 임했을 때 그 승리가 의미가 있고, 진정한 승자가 될 수 있습니다. → 스포츠맨십을 가지고 경기에 임할 것을 당부

진정한 스포츠맨십이 무엇인지 알고, 스포츠맨십을 가지고 열심히 경기에 임했을 때 진정한 승자가 될 수 있다.

---

1 이 글은 진정한 스포츠맨십의 사례를 통해 스포츠맨십의 의미를 설명한 글입니다. 따라서 주로 다루고 있는 대상은 '스포츠맨십'입니다.

2 '스포츠맨십의 기원'에 대해서는 이 글에서 다루고 있지 않습니다.
오답풀이 ①, ③, ④, ⑤는 글의 조목체 부분에서 확인할 수 있습니다.

3 두 선수는 메달을 따기 위한 고된 훈련과 노력을 누구보다도 잘 알고 있었기 때문에 경기를 안으며 축하와 위로의 많은 음을 건네 때문에 '경기에 이기지 못했 기 때문에 승픔 승퍼 승찼기 때문이다.'라는 설명은 적절하지 않습니다.

4 박탈이란, '남의 재물이나 권리, 자격 따위를 빼앗음.'이란 뜻으로, ⓒ에서 쓰인 '박탈'의 의미는 경기 중 승부에 집착한 나머지 금지 약물을 먹고 경기에 참여하다 메달을 빼앗겼다는 뜻입니다. 따라서 ⓒ 대신에 쓸 수 있는 가장 적절한 말은 '빼앗기기도'입니다.

5 훌륭한 스포츠맨십을 갖추고 진정한 승자가 되기 위해 노력하겠다는 지훈이 이 관점과 다른 것은 결과를 인정할 수 없다고 한 '승준'의 관점입니다.

독해 적용

27회

우리도 세금을 내고 있다고?

137쪽

1 세금	2 직접세
3 간접세	

138~140쪽

1 ③	2 ④	3 ②	4 ④
5 (1) ㄱ, ㄷ, ㄹ (2) ㄴ, ㅁ			6 해설 참조

밥을 먹기 위해 들어간 식당에서 메뉴판을 보면, '음식 가격에는 *부가 가치세가 포함되
어 있습니다.'라는 문구를 볼 수 있을 것이다. '부가 가치세'란 무엇일까? 바로 세금 중 하
나이다. 세금은 국가나 지방 자치 단체가 국민에게 걷는 돈이다. 우리는 세금이 어른들만
내는 것으로 생각하기 쉽지만, 학생이든 어른이든 모두 세금을 내고 있다. 세금에 대해 좀
더 자세히 알아보자. } **→ 세금의 뜻**

㉠세금을 납부하는 방식에 따라 직접세와 간접세로 나눌 수 있다. ①직접세는 세금을 내야
하는 *개인이나 기업이 직접 납부하는 세금을 말한다. *대표적인 예로는 소득세, 재산세, *상
속세 등이 있다. } **직접세의 정의**

직접세는 소득이나 재산에 따라 *누진적으로 적용되는 경우가 많다. 소득이 많은 사람
은 세금을 많이 내고 소득이 적은 사람은 적게 내는 식이다. 그렇기 때문에 ②직접세는 소득
재분배를 줄이고 소득을 재분배하는 *효과가 있다. 그러나 직접세를 걷는 입장에서는 모든 사
람의 소득이나 재산을 일일이 조사하여 그에 따라 세금을 거두어야 하는 번거로움이 있다.
}**직접세의
뜻과 특성**

㉡간접세는 실제로 세금을 부담하는 사람과 그 세금을 내는 사람이 다른 세금이다. 우리
는 물건을 살 때마다 세금을 내고 있지만, 세금을 내기 위해 직접 세무서로 가지는 않는다.
대신 물건을 판 기업이나 가게 주인이 낸다. 이처럼 간접세는 물건이나 서비스에 매겨지는
세금으로, 부가 가치세나 *개별 소비세가 대표적이다. } **간접세의 정의**

④간접세는 소득이나 재산에 상관없이 모두에게 *똑같이 적용된다. 동일한 음료수를 사 마
시는 경우라면 소득이 많은 사람도 적은 사람도 세금을 내고 있는 셈이다. 그렇기 때문에 간접세
를 걷는 입장에서는 편리하게 세금을 걷을 수 있다. 하지만 간접세는 소득이 적은 사람에
게는 소득에 비해 내야 할 세금의 비율이 높아져 세금에 대한 부담감이 커진다. } **→ 간접세의 뜻과 특성**

⑤직접세든 간접세든 우리는 모두 세금을 내고 있다. 실제로 우리가 늘 구입하는 제과나
한 과자를 사고 나 뒤 받은 영수증을 살펴보면 물건 값에 부가 가치세가 포함되어 있는 것
을 확인할 수 있다. 이처럼 세금은 우리의 생활과 밀접한 관련을 맺고 있다. 세금을 내고
있는 국민의 한 사람으로서 세금에 관해 관심을 가져 보는 것은 어떨까. } **관심 당부**

---

1 이 글은 세금의 종류를 직접세와 간접세로 나누어 직접세와 간접세가 어떤 특
성이 있는지 설명하고 있는 글입니다.

2 ㉠에는 일정한 기준에 따라 세금을 종류별로 나누고 있는 '분류'의 설명 방식
이 사용되고 있습니다. ④는 서양 악기를 '소리 내는 방식'을 기준으로 하여 현
악기, 관악기, 타악기로 분류하고 있습니다.

오답풀이 ①은 정의, ②는 예시, ③은 분석, ⑤는 대조의 설명 방식이 나타
나고 있습니다.

3 간접세는 소득이나 재산에 상관없이 같은 물건을 사는 경우라면 누구나 똑같
은 금액의 세금을 내는 것입니다. '소득이나 재산에 따라 누진적으로 적용된
다.'는 설명은 직접세에 해당하는 설명입니다.

4 소득이나 재산에 상관없이 모두에게 똑같이 적용되는 세금은 간접세입니다.
오답풀이 ①, ②, ③, ⑤는 금의 **조록체 부분**에서 확인할 수 있습니
다.

5
ㄱ ●
ㄴ ●
(1) ㄷ ●
(2) ㄹ ●
ㅁ ●

(1) 직접세: 소득세, 재산세, 상속세 등
(2) 간접세: 부가 가치세, 개별 소비세 등

6 **정답** (1) 직접 (2) 누진적 (3) 적자 (4) 다른 (5) 똑같이

세금은 국가나 지방 자치 단체가 국민에게 걷는 돈으로, 납부하는 방식에 따라 직접
세와 간접세가 있다.

우주의 떠돌이 우주 쓰레기

우주에도 쓰레기가 있다는 것을 알고 있나요? 우주 쓰레기란 인간이 우주 공간에 버린 모든 것을 의미합니다. 인간이 우주에 진출하게 되면서 다양한 쓰레기가 버려지게 되었습니다. ㉠인공위성의 잔해, 우주 비행사가 사용하다가 놓친 각종 드라이버, 나사와 같은 공구, 로켓에 방사되어 분리되어 떨어진 추진체 등이 있습니다. 〕→ 우주 쓰레기의 의미

문제는 우주 쓰레기가 우주를 탐사하기 위해 발사한 인공위성이나 우주 정거장을 빠른 속도로 떠돌고 있어서 우주에 심각한 장애물이 된다는 것입니다. 〕 ① 우주 쓰레기는 우주 공간을 빠른 속도로 떠돌면 작은 충격을 받아 파괴되거나 손상될 수 있습니다. ② 하나의 인공위성을 우주에 쏘아 올리는 데는 많은 시간과 비용이 듭니다. 그런데 ㉡우주 쓰레기로 인해 사용하지 못 〕 → 넘쳐나는 우주 쓰레기

인공위성 간의 통신에 방해를 주어 우주 탐사를 어렵게 하기도 합니다. 우주 개발 전문가 들은 우주 쓰레기가 서로 충돌하면서 더 많은 우주 쓰레기가 생겨날 것이고, 결국 인공위성을 쏘아 올려 우주를 탐사함에 이르게 되면 큰 피해를 입을 수 있는 정도로 문제가 됩니다. 수 〕 ③ 사에 심각한 장애물이 됨.

④ 우주 쓰레기가 지구에 추락하게 되면 큰 피해를 입을 수도 있는데요. 2018년 4월에 지구로 추락한 중국의 우주 정 거장 '톈궁 1호'의 경우 다행히 바다에 추락하여 큰 피해는 없었지만, 만약 사람들이 지나 다니고 있는 길 위로 떨어졌다면 끔찍한 일이 생겼을지도 모릅니다. 〕 → 우주 쓰레기가 지구에 추락에 위험이 있음.

⑤우주 쓰레기로 떠버려서 우주 공간을 청소하고, 우주 쓰레기를 줄이기 위해 여러 나라가 우주 쓰레기 문제를 해결하기 위한 다양한 방법을 연구하고 있음. 〕 → 하면 큰 피해를 입을 수 있음.

로봇이나 그물 등을 이용하여 버려진 우주 쓰레기를 가까이나 인공위성을 실제할 때부터 쓰레기가 나오지 않도록 하는 것이 그 예가 될 수 있습니다. 〕 → 우주 공간에 버려진 우주 쓰레기를 치우지 않으면 문제가 생길 것입니다. 우주 공간에 버려진

여러 나라가 우주 쓰레기 문제를 해결하기 위한 다양한 방법을 연구하고 있음. 우주 쓰레기를 청소하고, 우주 쓰레기를 줄이는 방법을 개발하기 위한 많은 노력이 필요함. 글 전체의 중심 문장 〕 → 우주 쓰레기 문제를 해결하기 위한 노력 촉구

우주 공간에 버려진 우주 쓰레기를 청소하고, 우주 쓰레기를 줄이는 방안을 개발하기 위한 많은 노력이 필요하다.

141쪽

1 위성   2 탐사
3 충돌

142~144쪽

1 ④   2 ④   3 ②, ③   4 ③   5 ④
6 (1) 우주 쓰레기 (2) 장애물 (3) 추락 (4) 청소

1 이 글은 '우주 쓰레기'의 문제점과 이 문제를 해결하기 위한 방안을 설명하는 글입니다.

2 ㉠에서는 우주 쓰레기의 다양한 예를 나열하고 있습니다. 이처럼 이해를 쉽게 하기 위해 예를 들어가며 구체적으로 설명하는 방식을 '예시'라고 합니다.

3 ② '현재 사용하고 있는 우주 정거장'은 현재 사용 중이므로 우주 쓰레기가 아니고, ③ '소행성끼리 충돌하여 생긴 암석 조각' 또한 인간이 버린 것이 아니기 때문에 우주 쓰레기라고 할 수 없습니다.

4 우주 쓰레기는 언제 어디로 떨어질지 예측하는 것이 어렵기 때문에 지구에 추락하게 되면 많은 피해가 생길 수도 있어 문제가 된다고 글에 나와 있습니다. ①, ②, ④, ⑤는 글의 조목식 부분에서 확인할 수 있습니다.

5 '다 된 죽에 코 빠뜨린다.'라는 속담은 오랫동안 노력한 일이 하루아침에 헛되로 되어가거나, 거의 다 이루어진 일이 한순간의 실수로 인해 실패로 돌아갔을 때 쓰는 속담이므로 그동안의 노력이 하루아침에 물거품이 된다는 ㉡과 비슷한 의미라고 할 수 있습니다.

오답풀이 ① 첫술에 배부르랴.: 어떤 일이든지 처음부터 단번에 만족할 수 없다는 말
② 공든 탑이 무너지랴.: 힘과 정성을 다하여 한 일은 반드시 그 결과가 헛되지 않는다는 말
③ 바늘 가는 데 실 간다.: 서로 떨어질 수 없는 아주 가까운 사이라는 말
⑤ 하늘을 보아야 별을 따지.: 어떤 성과를 거두려면 그에 상당한 노력과 준비가 있어야 한다는 말

고릴라는 후대 전화를 미워해

지금 당신이 쓰고 있는 휴대 전화는 몇 살이나 되었는가? 아직 멀쩡한 휴대 전화를 바꾸고 최신형 휴대 전화를 사기 위해 기웃거리고 있지는 않은가? 이제는 우리에게 생활 필수품이 되어 버린 휴대 전화에는 검은 대륙에서 벌어지고 있는 슬픈 사연이 담겨 있다. 아프리카 중부에 위치한 콩고는 콜탄이 많이 생산되는 나라이다.

그런데 왜 그럴까?
콜탄을 정련하면 나오는 금속 분말 '탄탈룸'은 휴대 전화를 만들 때 없어서는 안 되는 중요한 재료이다. 콜탄은 휴대 전화뿐만 아니라 노트북과 제트 엔진, 광섬유 등의 원료로도 널리 쓰이고 있다. 그 결과 전 세계 첨단 기기 시장에서 탄탈룸의 수요가 급증했고, 불과 몇 달 만에 콜탄 가격이 20배나 폭등했다.

그러자 ㉡세계 각지역 유산 1호인 '가후지-비에가 국립 공원'에 몰려든 많은 양의 콜탄이 묻혀 있다는 소식이 알려지자, 수많은 사람들이 콜탄을 캐기 위해 몰려들기 시작했다. 광부들은 이고 나무의 껍질을 벗기고 흙을 이용하여 진흙에서 콜탄을 골라내고 있다. 도계의 화산으로 둘러싸여 장관을 이룬 이 국립 공원의 숲이 이제는 황폐화되었다.

또한 가후지-비에가 국립 공원은 지구상에 남아 있는 고릴라의 마지막 서식지이다. 콜탄을 채취하기 위해 모인 수만 명의 사람들은 마을 것을 구하기 위해 야생 동물들을 마구 잡이로 사냥했다. 그나마 얼마 남지 않은 고릴라들도 사람들로 인해 죽어 가고 있다. 콜탄이 쏟아져 나오는 공원에서는 새끼 고릴라도 사냥감이 되고 있다. 하지만 지금은 도움 받을 대안 없이 된 중개상과 다국적 기업들은 고릴라의 죽음에 대해서는 아무런 관심도 기울이지 않고 있다.

지구 반대편의 소중한 생명을 보호하기 위해 콜탄을 재료로 사용하는 휴대 전화를 오랫동안 소중하게 써야 한다는 의미

145쪽
1 계좌   2 황폐화
3 서식지

146~148쪽
1 ④   2 ⑤   3 ②   4 ⑤   5 ④
6 (1) 콜탄 (2) 황폐화 (3) 고릴라 (4) 휴대 전화

1 글쓴이는 콜탄 채취로 인해 가후지-비에가 국립 공원이 황폐화되고 그곳이 야생 동물과 고릴라가 죽어 가고 있다고 말하고 있습니다. 따라서 '콜탄이 재료 야생 동물과 되는 휴대 전화를 오랫동안 소중하게 쓰자.'고 사람들을 설득하고 있습니다.

2 휴대 전화를 만드는 데 쓰이는 콜탄을 얻기 위해 콜탄이 많이 묻혀 있는 '가후지-비에가 국립 공원'에 몰려든 사람들 때문에 거기서 살고 있는 고릴라가 죽어 가므로 이러한 제목을 붙인 것입니다.

3 콜탄의 가치가 갑자기 중요하게 된 것은 콜탄이 첨단 기기에 쓰이는 '탄탈룸'을 얻을 수 있는 광물임이 알려져 콜탄의 수요가 급증했기 때문입니다.

4 콜탄 가격이 폭등하면서 콜탄이 많이 묻혀 있는 '가후지-비에가 국립 공원'에 수많은 사람들이 모여들어 공원은 점차 황폐화되었고, 그곳에서 살던 고릴라를 비롯한 야생 동물들의 사냥으로 죽어 가게 된 것입니다.

5 글쓴이는 콜탄을 채취하기 위해 공원이 점차 황폐화되고 있고, 그로 인해 수많은 야생 동물들이 죽어 가는 것을 안타깝게 보고 있습니다. 따라서 개발로 인해 소중한 환경이 훼손되는 것을 비판적으로 보는 '진철'이의 관점이 글쓴이의 관점과 비슷합니다.

오답풀이 ① 글쓴이는 자원을 개발하는 과정에서 생기게 되는 부작용에 대해서 비판적으로 보고 있습니다.
② 글쓴이는 휴대 전화를 사용하지 말자는 것이 아니라 오랫동안 소중하게 사용하자고 말하고 있습니다.
③ 글쓴이는 휴대 전화를 오랫동안 사용함으로써 가급적 콜탄의 수요를 줄이자고 말하고 있습니다.
④ 지구 반대편의 소중한 생명을 구하자고 말하고 있습니다.
⑤ 콜탄을 대체할 새로운 물질 개발과 관련한 내용은 이 글에 나와 있지 않습니다.

독해 적용

30회

장 발장 - 빅토르 위고

149쪽

1 구걸 2 착각
3 착점

150~152쪽

1 ③ 2 ⑤ 3 ③ 4 ④
5 ① 6 ⑤

작품해제

교제토와의 행복을 놓치고 싶지 않은 장 발장과 그를 쫓는 자베르 형사 사이에 일어나는 이야기이다.

1 이 글은 장 발장을 쫓는 자베르 형사와 교제토와의 행복을 놓치고 싶지 않은 장 발장 사이에서 일어나는 사건을 담은 이야기이며, 사건에 따른 장 발장 감정을 잘 나타내고 있습니다. 따라서 이 이야기의 가장 주된 등장인물은 '장 발장'입니다.

2 이 이야기에서 '성당 앞 – 성당 – 장 발장의 집 – 성당 앞 – 장 발장의 집(대문이 열림) – 가로수 밑'의 순으로 공간적 배경이 이동하고 있습니다. '감옥'은 장 발장이 다시 가게 될까 봐 두려워하는 장소일 뿐입니다.

3 장 발장은 성당 앞 거리에서 평소처럼 가로에게 돈을 쥐어 주다가 자베르 형사를 발견하였습니다. 만약 자베르 형사라면 다시 붙잡힐 것 같았기 때문입니다. 따라서 ㉠의 까닭은 '성당 앞 거리에서 본 거지가 자베르 형사인 것 같아서'입니다.

4 '교제토에게 보름달이 환하게 또 아름다운 밤을 보여 주고 싶었기 때문'에 도 맞진 것은 아닙니다.

오답풀이 ①, ②, ③, ⑤는 글의 중략된 부분에서 확인할 수 있습니다.

5 장 발장은 (가) 성당 앞 거지가 자베르 형사임을 발견하여 깜짝 놀랐고, (나) 다음 날 옆을 들고 있던 거지임을 확인하고 안심했습니다. 며칠 뒤 (다) 자베르 형사가 집을 찾아오자 조조했습니다.

6 장 발장은 자베르 형사에게 불잡히게 될까 봐 매우 걱정하고 있습니다. 따라서 자베르 형사와 장 발장이 매우 친한 사이인 것 같다는 '승호'의 이견은 적절한 반응이라고 볼 수 없습니다.

(본문)

성당에 가서 기도를 드리고 집으로 돌아온 ㉠장 발장은 밤새 잠을 이루지 못했다. 또다시 ①자베르에게 붙들린 감옥으로 가게 된다면 정말 큰일이었다. ②교제토를 돌볼 사람이 없을뿐더러, ③이번에 감옥에 들어가면 목숨을 건질 수 없을 것이 분명했다.

밤새 고민을 한 장 발장은 다음 날 용기를 내어 다시 거지가 있던 자리로 갔다. 조심조심 다가가 살펴보니 그곳에 앉아 있었다. 거지는 장 발장을 보자 반갑게 맞아 주었다.

장 발장은 어제는 자기가 착각한 것이라 생각하고 안심했다.

{ → 자베르 형사에게 쫓길까 봐 걱정하는 장 발장 }

그런데 그로부터 며칠이 지난 밤이었다.

장 발장이 교제토에게 글을 가르치고 있는데 갑자기 '스르르' 열렸다 단히는 소리가 들렸다. 그는 교제토에게 조용히 하라는 신호를 보낸 뒤 문 쪽으로 귀를 기울였다. 누군가 계단을 내려가는 사람 밑잇음은 바로 자베르였다. 그는 촛불을 끈 뒤 꼼짝도 하지 않고 숨을 죽었다.

잠시 후 발소리가 멀어져 갔다.

장 발장은 살그머니 문 앞으로 가서 열쇠 구멍으로 밖을 내다보았다.

도둑고양이처럼 계단을 내려가는 사람 밑잇음은 바로 자베르였다.

"교제트, 우린 이곳을 떠나야 한다."

"왜요?"

"무서운 베나르디에 아저씨가 널 잡으러 올 거야. 어서 가자."

장 발장은 가지고 있는 짐을 대충 꾸린 뒤, 교제트를 데리고 밖으로 나왔다.

그는 교제트의 손을 잡고 재빨리게 담쪽의 가로수 밑의 어둠 속으로 숨었다. 가로수 밑을 따라 걷다가 작은 골목길로 들어섰다.

왼쪽으로 가다가 다시 오른쪽으로, 그리고는 다시 그 옆길로 가면서 장 발장은 계속 뒤를 돌아보았다. 다행히 뒤따르는 사람은 없는 것 같았다. 장 발장은 당장 그늘을 따라 걸었고, 교제트는 말없이 장 발장의 손을 잡고 따라 걸었다.

보름달이 환하게 또 밤이었다. 장 발장은 거의 뛰다시피 걸었다. ⑤외롭게만 살아온 두 사람이 모다시 자베르 형사에게 쫓기게 된 장 발장

{ → 쫓기게 된 장 발장 }

복잡한 골목길을 걷는 장 발장의 마음은 초조하고 착잡했다. 따라서 자베르 형사와 장 발장 사이에 매우 친한 사이인 것 같다는 '승호'의 이견은 적절한 반응이라 볼 수 없다.

이제 조금 행복해지려는 순간, 다시 쫓기는 신세가 된 장 발장

독해력 자신감 **32** 정답과 해설